BROSTASUGNENS REVOLUTION

100 smakrika recept för din dagliga matlagningskamrat

Isak Nordström

Copyright Material ©202 4

Alla rättigheter förbehållna

Ingen del av denna bok får användas eller överföras i någon form eller på något sätt utan korrekt skriftligt medgivande från utgivaren och upphovsrättsinnehavaren, förutom korta citat som används i en recension. Den här boken bör inte betraktas som en ersättning för medicinsk, juridisk eller annan professionell rådgivning.

INNEHÅLLSFÖRTECKNING

INNEHÅLLSFÖRTECKNING 3
INTRODUKTION 6
FRUKOST 7
  1. Potatis & Bacon Frittata 8
  2. Frukost Blueberry Peach Crisp 10
  3. Paleo Kryddat Zucchini Bröd 13
  4. Spenat-, tomat- och fetaquiche 15
  5. Jordgubbsyoghurtparfait 18
  6. Rökt laxbagels 20
  7. Minikanelbullar 22
  8. Brödrostsugnsfrukostsmörgås 25
  9. Brödrostsugnsbakad havregryn 27
  10. Brödrostsugn Mini Frittatas 29
  11. Blendersmet Yoghurtpannkakor 31
  12. Skogsgolvhavremjöl 33
  13. Farmers Market Breakfast 35
  14. Getost och grönsaksskrot Frittata 38
  15. Krauty Omelet 41
  16. Brun Rispudding 43
SNACK OCH APPETITSER 46
  17. Mozzarellafyllda Arancini 47
  18. Koreanska "friterade" kycklingvingar 51
  19. Pork Belly Scallion Yakitori 53
  20. Croque Monsieur Sandwich 55
  21. Buffalo blomkål 57
  22. Za'Atar Spiced Pita Chips 59
  23. Kanel äppelchips 61
  24. Krispiga kryddade kikärter 63
  25. Rosemary-Tamari mandlar 65
  26. Coconut-Wakame Trail Mix 67
  27. Grönkålschips av olivolja 69
  28. Ostaktigt vitlöksbröd 71
  29. Mini Capresespett 73
  30. Rostad röd paprika Hummus 75

31. Bakad sötpotatisfrites 77
32. Fyllda svampar 79
33. Minipizzor 81
34. Brödrostsugn Quesadillas 83
35. Minifyllda paprikor 85
36. Kanelsockerbakade äppelskivor 87
FÖRÄTTER 89
37. Bakad flundra med svamp i brödrost 90
38. Kycklingbröst med Chermoulasås 92
39. Sweet Chili Shrimp 94
40. Mahi Mahi Tacos med ananas Salsa 96
41. Crispy Curry Chicken Tender 98
42. Harissa citron hel kyckling 100
43. Biff Bourguignon 102
44. Meat Lovers Pan Pizza 105
45. Ribeye-biff med ädelostblandningssmör 108
46. Slow Cooked Carnitas 110
47. Medelhavsgrönsaksgratäng 112
48. Rustik italiensk tomatsallad 114
49. Shiitake och C heese hamburgergryta 116
50. Bakad Jambalaya gryta 118
51. Brödrostsugnsbakade kycklingbröst 121
52. Brödrostsugn Veggie och ost Quesadillas 123
53. Brödrostsugnslax med citron och dill 125
54. Brödrostsugnsbakad Ziti 127
55. Brödrostsugn Mini Köttfärslimpa 129
56. Brödrostsugn Margherita Pizza 131
57. Brödrostsugn Teriyaki Lax 133
58. Brödrostsugn Grönsaksfrittata 135
59. Brödrostsugn BBQ Kycklingklubbor 137
SIDOR OCH KRYDDER 139
60. Rostat skaldjurspålägg från en brödrostsugn 140
61. Hemlagad Harissa 142
62. Harissa rostade morötter 144
63. Sparris med Pistachio Dukkah 146
64. Surdegskrutonger 149
65. Portobello svampbacon 151
66. Krispiga sötpotatisfrites 153
67. Brasilianskt ostbröd (Pão de Queijo) 155

68. Brödrostsugnsrostade grönsaker 157
69. Brödrostsugn Vitlöksrostad potatis 159
70. Brödrostsugn Vitlöksörtsmör 161
71. Brödrostsugn Vitlök Parmesan Sparris 163
72. Brödrostsugnsbakade bönor 165
73. Brödrostsugn Citronört Quinoa 167
74. Brödrostsugn Vitlökssmörräkor 169
75. Brödrostsugnsrostad brysselkål med balsamicoglasyr 171
76. Brödrostsugnsrostad majskolvar 173
77. Brödrostsugn Pesto Pasta Sallad 175
78. Brödrostsugn Honungsglaserade morötter 177

DESSERTER 179

79. Apelsinmandel Ricotta Cookies 180
80. Veganska svenska kanelbullar (Kanelbullar) 182
81. Grekiska spenatfilopajer 185
82. Chokladbrownies 187
83. Frozen Brazo de Mercedes 189
84. Äppelpaj 191
85. Äppelknödar med sås 193
86. Apple Citron Puff 195
87. Apple Raspberry Crisp 197
88. Äppelvalnötshalvmånar 199
89. Berömd Butterscotch Cheesecake 201
90. Österrikiska nötkakor 204
91. Bananäppelmostårta 206
92. Bananchiptårta 209
93. Brödrostsugn S'mores 211
94. Brödrostsugnsbakat äpple 213
95. Brödrostsugn Chocolate Chip Cookies 215
96. Brödrostsugn Bananbröd 217
97. Brödrostsugns Rispudding 219
98. Brödrostsugn Jordnötssmörskakor 221
99. Brödrostsugnsbrödpudding 223
100. Brödrostsugn Kanelbakade äpplen 225

SLUTSATS 227

INTRODUKTION

Välkommen till BROSTASUGNENS REVOLUTION en kulinarisk resa som kommer att förändra ditt sätt att laga mat med din kompakta och mångsidiga kökskamrat – brödrostsugnen. I dagens snabba värld har brödrostugnen blivit en kulinarisk hjälte för dem som söker effektivitet utan att ge avkall på smak. I den här kokboken inbjuder vi dig att ge dig ut på en smakrik revolution och utforska de gränslösa möjligheterna och bekvämligheten som din bänkskiva erbjuder.

Vår resa genom brödrostsugnsrevolutionen kommer att introducera dig till konsten att skapa läckra och problemfria måltider, från frukost till middag och mer. Oavsett om du är en erfaren husmanskock eller nybörjare i världen av matlagning i brödrost, är den här boken din guide till att bemästra potentialen hos denna vardagliga kökskamrat.

När vi dyker in i detta kulinariska äventyr, förbered dig på att låsa upp hemligheterna bakom matlagning i brödrost, skapa 100 smakrika recept som visar att stora smaker kan komma från små apparater. Från rostning till bakning, stekning till rostning, du kommer att upptäcka glädjen i att skapa läckra rätter med lätthet. Låt oss fira "BROSTASUGNENS REVOLUTION" och göra den till din vardagliga matlagningskamrat.

FRUKOST

1. Potatis & Bacon Frittata

Gör: 4 portioner

INGREDIENSER:
- 2 skivor bacon, hackad
- 1 msk olivolja
- ½ lök, tunt skivad
- 1 stor guldpotatis, tärnad i ½-tums kuber
- Salta & peppra, efter smak
- 6 stora ägg
- ½ kopp riven parmesanost
- Artiklar som behövs
- 9-tums rund ugnsform, smord

INSTRUKTIONER:
a) Lägg de hackade baconskivorna i en stor nonstick-panna. Koka på medelhög värme i 5 minuter eller tills baconet är genomstekt och knaprigt. Flytta baconet till en liten tallrik.
b) Tillsätt olivolja i stekpannan och tillsätt sedan löken och potatisen. Krydda med salt och peppar. Fräs i 10-12 minuter, eller tills potatisen är mjuk.
c) Ta bort från värmen och lägg bacon, potatis och lök i den smorda ugnsformen.
d) Välj förvärmningsfunktionen på Air Fryer Toaster-ugnen, justera temperaturen till 350°F och tryck på Start/Paus.
e) Vispa ihop ägg, parmesan och en nypa salt och peppar i en skål. Häll äggblandningen över bacon, potatis och lök.
f) Placera ugnsformen på gallret och sätt sedan in gallret i mitten av den förvärmda ugnen.
g) Välj bakningsfunktionen, justera tiden till 15 minuter och tryck sedan på Start/Paus.
h) Ta bort när frittatan stelnat. Låt svalna i 10 minuter innan du skär upp.

2.Frukost Blueberry Peach Crisp

Gör: 8 portioner

INGREDIENSER:
FYLLNING AV INGREDIENSER
- 4 dl blåbär, färska eller frysta
- 2 dl persikor, skivade
- 1 tsk vaniljextrakt
- 2 tsk citronsaft
- 4 matskedar ren lönnsirap
- 1½ msk majsstärkelse
- En liten nypa salt

TOPPINGREDIENSER
- 2½ koppar havregryn
- 5 matskedar mandelmjöl (eller mandelmjöl)
- 1 tsk kanel
- 5 matskedar ren lönnsirap
- 3 msk kokossocker (eller farinsocker)
- 7 matskedar kokosolja, smält
- 1 kopp skivad mandel
- 1 dl hackade valnötter
- ¼ tesked salt
- Artiklar som behövs
- 9 x 12-tums bakform.

INSTRUKTIONER:

a) Kombinera blåbär, persikor, vaniljextrakt, citronsaft, lönnsirap, majsstärkelse och salt i en skål och blanda ihop. Häll blandningen i ugnsformen.
b) Kombinera alla ingredienserna till toppingen i en separat skål och rör om tills det bildas klumpar, fördela sedan jämnt över fruktblandningen.
c) Välj förvärmningsfunktionen på Air Fryer Toaster-ugnen, justera temperaturen till 350°F och tryck på Start/Paus.
d) Placera ugnsformen på gallret och sätt sedan in gallret på lågt läge i den förvärmda ugnen.
e) Välj bakningsfunktionen, justera tiden till 1 timme och tryck sedan på Start/Paus.
f) Ta bort krisp när de är gyllene på toppen och frukten är bubblig.
g) Servera med yoghurt till frukost eller vaniljglass till efterrätt.

3.Paleo kryddat zucchinibröd

Gör: 8 portioner

INGREDIENSER:
TORRA INGREDIENSER
- 1½ dl mandelmjöl
- 2 msk kokosmjöl
- 1 tsk kanel
- ¼ tesked kryddpeppar
- ⅛ tsk mald kryddnejlika
- 1 tsk bakpulver ½ tsk bakpulver ¼ tsk salt
- 1 dl hackade valnötter

VÅTA INGREDIENSER
- ⅓ kopp kokossocker
- 1 tsk vaniljextrakt
- 3 stora ägg
- 5 matskedar olivolja
- 2 msk äppelmos
- 1 kopp strimlad zucchini, pressad för att ta bort överflödig fukt

INSTRUKTIONER:
a) Rör ihop alla torra ingredienser i en stor skål.
b) Vispa alla våta ingredienser i en separat skål.
c) Tillsätt de torra ingredienserna till de våta ingredienserna och rör om för att kombinera. Låt smeten vila i 5 minuter. Detta gör att kokosmjölet absorberar smeten.
d) Välj förvärmningsfunktionen på Air Fryer Toaster-ugnen, justera temperaturen till 350°F och tryck på Start/Paus.
e) Smörj minibrödformarna med kokosolja spray. Fördela smeten jämnt mellan formarna.
f) Placera mini brödformarna på gallret och sätt sedan in gallret i mitten av den förvärmda ugnen.
g) Välj bakningsfunktionen, justera tiden till 45 minuter och tryck på Start/Paus.
h) Ta bort när en tandpetare eller kakprovare som satts in i mitten kommer ut ren.
i) Ta bort zucchinibrödet från formarna och lägg på ett galler i 15 minuter innan du skivar det.

4.Spenat, tomat och fetaquiche

Gör: 8 portioner

INGREDIENSER:
Ingredienser för pajskal
- 1½ koppar allroundmjöl, plus mer för att pudra
- ½ tsk kosher salt
- 3 matskedar osaltat smör, kylt och i tärningar
- 6 matskedar grönsaksfett, kyld
- 3 matskedar isvatten
- Torra bönor eller okokt ris, till fyllning

Fyllningsingredienser
- 1½ uns fryst spenat, tinad och pressad torr
- 9 körsbärstomater, halverade
- 1½ uns smulad fetaost 4 stora ägg
- ½ kopp tung grädde
- ½ tsk kosher salt
- ¼tsk nymalen svartpeppar Extra virgin olivolja, för duggregn

a) Kombinera mjöl och salt i en matberedare och mixa en gång för att blanda.
b) Tillsätt smöret och matfettet, pulsera sedan tills blandningen skapar fina smulor.
c) Häll långsamt i vattnet och pulsa tills det bildar en deg.
d) Forma degen till en fyrkant, slå in med plastfolie och ställ i kylen i 6 timmar eller över natten.
e) Ta ut degen från kylen, packa upp den och lägg på en lätt mjölad arbetsyta.
f) Kavla ut degen till en cirkel med en diameter på 10 tum. Du kan behöva använda ytterligare mjöl för att degen inte ska fastna på kaveln.
g) Lägg degen i en tårtform och använd fingrarna för att forma degen så att den passar formen.
h) Putsa kanterna och sticka botten av tårtskalet överallt.
i) Täck med plastfolie och ställ i frysen i 30 minuter.
j) Ta ut ur frysen, packa upp och toppa med bakplåtspapper som täcker alla kanter.
k) Fyll tårtskalet med torra bönor eller okokt ris tills degen är helt täckt. Avsätta.

l) Välj förvärmningsfunktionen på Air Fryer Toaster-ugnen, justera temperaturen till 350°F och tryck på Start/Paus.
m) Placera tårtskalet på gallret och sätt sedan in gallret på lågt läge i den förvärmda ugnen.
n) Välj Bake-funktionen, tryck på Fläkt/Ljus-knappen för att starta fläkten och tryck sedan på Start/Paus.
o) Ta ut skalet från ugnen och låt det svalna i 1 timme.
p) Ordna spenaten, tomaterna och fetaosten jämnt i det tomma skalet.
q) Vispa ihop ägg, grädde, salt och peppar tills det är väl blandat.
r) Häll äggblandningen i det fyllda tårtskalet och ringla lätt över extra jungfruolja. Du kan ha lite extra fyllning över.
s) Välj förvärmningsfunktionen, justera temperaturen till 350°F och tryck på Start/Paus.
t) Placera pajen på gallret och sätt sedan in gallret på lågt läge i den förvärmda ugnen.
u) Välj bakningsfunktionen och tryck sedan på Start/Paus.
v) Ta ut pajen från ugnen och låt den svalna i 5 minuter.
w) Skär i skivor och servera.

5. Jordgubbsyoghurtparfait

Gör: 6 portioner

- 4 koppar helmjölk
- 3 msk vanlig yoghurt
- Granola, till servering
- Jordgubbar, skivade

a) Häll mjölken i en kastrull och låt koka upp.
b) Kyl ner mjölken till 115°F och vispa sedan i yoghurten tills den är helt upplöst.
c) Täck grytan med ett lock, ställ grytan på gallret och sätt sedan in gallret på lågt läge i Air Fryer Toaster Oven.
d) Välj fermenteringsfunktionen, justera temperaturen till 110°F och tiden till 8-12 timmar och tryck sedan på Start/Paus. Ju längre du ruvar desto syrligare blir yoghurten.
e) Ta bort yoghurten när du har ruvt klart och blanda väl.
f) Ställ yoghurten i kylen med locket på och ställ i kylen i 8 timmar eller över natten.
g) Montera parfaiten genom att lägga granola i botten av ett glas, följt av jordgubbar och sedan yoghurt.
h) Toppa parfaiten med mer jordgubbar och granola.

6.Rökt laxbagels

Gör: 2

INGREDIENSER:
- 100 g bredbar färskost
- 2 tsk finhackad rödlök
- 1 tsk baby kapris, sköljd & grovt hackad
- 1 tsk citronsaft
- ½ tesked hackad dill (valfritt) knäckt svartpeppar, efter smak
- 2 färska butiksköpta bagels
- 100g rökt laxskivor
- mjuka gröna salladsblad, att servera

INSTRUKTIONER:
a) I en skål kombinera färskost, lök, kapris, citronsaft och dill (om du använder). Krydda väl med knäckt svartpeppar. Rör om för att kombinera.
b) Dela bagelsna diagonalt på mitten och lägg direkt på gallret. Ställ temperaturratten på rost och timer/toast-ratten på medium-toast funktion.
c) När bagelsna har rostats till en ljus gyllene färg, ta försiktigt ut dem från brödrosten. Bred ut rikligt med färskostblandningen, toppa med rökta laxskivor och salladsblad. Tjäna.

7.Mini kanelbullar

Gör 6

INGREDIENSER:
- 40 g pekannötter, hackade
- 40 g mörkt farinsocker
- 2 tsk mald kanel
- ½ tesked majsmjöl
- 250g starkt vitt brödmjöl
- 1 tsk torkad jäst
- Nypa salt
- 140 ml ljummen mjölk
- 20 g smält smör
- 1 ägg, lätt uppvispat
- 30 g osaltat smör, mjukat
- 1 msk demerara socker

INSTRUKTIONER:

a) Smörj brödrostens plåt med lite av det mjukade smöret och ställ åt sidan. Blanda ingredienserna till kanelfyllningen i en liten skål och ställ åt sidan.

b) Kombinera mjöl, jäst och salt i en separat stor skål. Tillsätt den varma mjölken, det smälta smöret och hälften av ägget; reservera resten för att glasera bullarna senare. Blanda väl. Knåda i 5 minuter, eller tills degen är smidig och elastisk.

c) På en lätt mjölad arbetsyta rullar du degen till en 20 cm x 30 cm rektangel. Bred på det mjukade smöret och strö över kanelfyllningen.

d) Börja från långsidan och rulla degen hårt till en rullform. Klipp av ca 1 cm av varje ände och skär sedan i 6 x 3 cm tjocka skivor. Lägg skivorna med skärsidan nedåt på den smorda brödrostens bakplåt. Trycker ner försiktigt. Täck med en fuktig kökshandduk och låt jäsa på en varm plats i 1 timme.

e) När de har jäst, pensla topparna på bullarna med det reserverade uppvispade ägget och strö över demerarasocker. Ställ temperaturratten på 180°C och timer/toast-ratten i 20 minuter.

f) Grädda 15-20 minuter, vänd plåten halvvägs genom gräddningen. Ta försiktigt ut den varma plåten från ugnen när bullarna är gyllene överallt.

g) Servera varm.

8.Brödrost Ugn Frukost Smörgås

INGREDIENSER:
- 1 engelsk muffins, delad
- 2 skivor bacon
- 1 stort ägg
- 1 skiva ost (valfritt)
- Salta och peppra efter smak

INSTRUKTIONER:
a) Förvärm din brödrost till 350°F (175°C).
b) Lägg baconskivorna på en plåt eller ugnssäker form och stek i ca 10-15 minuter eller tills de är knapriga. Häll av överflödigt fett på hushållspapper.
c) Medan baconet tillagas, rosta de engelska muffinshalvorna i brödrostsugnen.
d) Ta ut de rostade muffinsen och baconet från ugnen. Montera din smörgås genom att lägga en skiva ost på ena halvan av muffinsen.
e) Knäck ägget i en liten, ugnssäker form. Krydda med salt och peppar.
f) Grädda ägget i ca 8-10 minuter tills vitan stelnat, men gulan fortfarande är rinnig.
g) Montera din frukostmacka genom att lägga baconet och det bakade ägget på den osttäckta muffinshalvan. Toppa den med den andra halvan av muffinsen.
h) Njut av din hemgjorda frukostmacka!

9.Brödrostsugnsbakad havregryn

INGREDIENSER:
- 1 dl gammaldags havre
- 1/4 kopp lönnsirap
- 1 kopp mjölk (eller ett icke-mejerialternativ)
- 1/2 tsk vaniljextrakt
- 1/2 tsk mald kanel
- 1/4 tsk salt
- 1/2 kopp färska bär (t.ex. blåbär eller hallon)

INSTRUKTIONER:
a) Förvärm din brödrost till 350°F (175°C).
b) I en ugnssäker form, kombinera havre, lönnsirap, mjölk, vaniljextrakt, kanel och salt.
c) Vänd försiktigt ner de färska bären.
d) Sätt in formen i brödrostsugnen och grädda i 25-30 minuter eller tills havregrynen stelnat och något gyllene ovanpå.
e) Ta ut ur ugnen, låt den svalna i några minuter och servera sedan. Du kan lägga till fler bär, nötter eller en klick yoghurt på toppen om så önskas.

10.Brödrostsugn Mini Frittatas

INGREDIENSER:
- 4 stora ägg
- 1/4 kopp mjölk
- 1/2 kopp tärnade grönsaker (t.ex. paprika, spenat, lök)
- 1/4 kopp riven ost
- Salta och peppra efter smak

INSTRUKTIONER:
a) Förvärm din brödrost till 350°F (175°C).
b) Vispa ihop ägg och mjölk i en skål. Krydda med salt och peppar.
c) Smörj en muffinsform eller använd muffinsformar i silikon.
d) Fördela de tärnade grönsakerna och den rivna osten jämnt mellan muffinsformarna.
e) Häll äggblandningen i varje kopp, fyll dem till cirka 2/3.
f) Grädda i brödrost i 15-20 minuter eller tills frittatorna är uppblåsta och stelnat i mitten.
g) Ta ut ur ugnen, låt dem svalna något och njut av din mini frittatas.

11. Blendersmet Yoghurtpannkakor

Gör 10 till 12 pannkakor

INGREDIENSER:
- ¾ kopp (75 g) havregryn
- ⅔ kopp (125 g) bovetemjöl
- 2 stora ägg
- 1½ dl vanlig yoghurt
- ½ tsk rivet citronskal
- 1 msk färsk citronsaft
- ½ tsk bakpulver
- ½ tesked bakpulver
- ¼ tesked fint havssalt
- ½ tesked vaniljextrakt
- 1 tsk honung
- För märken: smör, lönnsirap och flingigt havssalt

INSTRUKTIONER:
a) Förvärm din brödrost till 350°F (175°C) och ställ in den att grädda.
b) Kombinera havregryn, bovetemjöl, ägg, vanlig yoghurt, citronskal, citronsaft, bakpulver, bakpulver, bakpulver, salt, vaniljextrakt och honung i en mixer. Mixa tills blandningen är helt blandad. Var noga med att skrapa ner sidorna av mixern om det behövs för att få bort eventuella torra klumpar.
c) Smörj en liten ugnssäker ugnsform eller en brödrostsäker form med lite smör eller matlagningsspray för att förhindra att den fastnar.
d) Häll pannkakssmeten i önskad pannkaksstorlek på den förberedda ugnsformen. Du kan använda cirka ⅓ kopp smet per pannkaka. Smeten ska breda ut sig något.
e) Placera ugnsformen i den förvärmda brödrostsugnen och grädda i ca 10-12 minuter eller tills pannkakorna stelnat och fått lite färg i kanterna. Du kanske vill kontrollera efter 8 minuter och justera tiden om det behövs.
f) När varje pannkaka är brynt och genomstekt, ta försiktigt bort dem från brödrosten med ugnsvantar.
g) Servera pannkakorna varma med en klick smör, ringla över lönnsirap och strö en nypa flingigt havssalt ovanpå för den perfekta sötsmakbalansen.
h) Njut av dina brödrostsugnsblandare smet yoghurtpannkakor!

12. Skogsgolvhavremjöl

Gör: 1

INGREDIENSER:
- ½ kopp havregryn
- ¼ kopp skivad mandel
- ¼ kopp osötade kokosflingor
- ½ tsk chiafrön
- 1 msk osaltat smör
- Salt
- En klick vanlig yoghurt

INSTRUKTIONER:
a) Förvärm din brödrost till 350°F (175°C) och ställ in den att grädda.
b) Bred ut havregryn i en liten ugnssäker form eller bricka.
c) Rosta havren i den förvärmda brödrostsugnen i cirka 5 minuter, eller tills de är lätt bruna. Se till att hålla ett öga på dem för att förhindra att de bränns.
d) Medan havren rostar, värm en stekpanna på medelhög värme på din spishäll. Tillsätt de skivade mandlarna och rosta dem i den torra pannan, rör om då och då, i 90 sekunder.
e) Tillsätt kokos- och chiafröna i stekpannan och fortsätt att rosta dem, rör om ofta, tills de alla är rostade och gyllenbruna, vilket bör ta cirka 3 till 4 minuter. När den har rostats, ta bort stekpannan från värmen.
f) Tillsätt smöret och en nypa salt till den rostade mandel-, kokos- och chiafröblandningen i stekpannan. Rör ihop tills smöret smält och har täckt resten av ingredienserna.
g) Ta bort den rostade havren från brödrosten.
h) Häll havregrynen i din skål.
i) Strö ut den knapriga mandel/kokos/chia toppingen över hela ytan av havregrynen.
j) Tillsätt en klick kall yoghurt i skålen och ät den omedelbart, tillsätt mer yoghurt eller salt som du tycker är lämpligt.

13.Farmers Market Frukost

Gör: 2

INGREDIENSER:
- 2 msk osaltat smör
- 1 kvist färsk rosmarin
- ½ msk tamari, plus mer efter smak
- 4 uns grovt rivna blandade svampar, eller vilken svamp du gillar (se till att du tar bort alla tuffa stjälkar, som de på shiitakes)
- ½ msk olivolja, plus mer till avslutning
- 1½ msk finhackad schalottenlök (men du kan ersätta lök)
- 3 uns spenat, tvättad och relativt torr
- 1/8 tsk krossad röd paprika
- Salt
- ¼ citron
- 2 stora ägg
- 0,5 uns getost (eller vilken ost du gillar)
- Nymalen svartpeppar

INSTRUKTIONER:
a) Förvärm din brödrost till 350°F (175°C) och ställ in den att grädda.
b) Smält 1 matsked smör på medelvärme i en ugnssäker stekpanna eller ugnsform som passar in i din brödrost. När den har smält, tillsätt rosmarinkvisten och låt den rosta i cirka 30 sekunder. Tillsätt tamari och blanda ihop.
c) Släng i svampen och fräs, rör om då och då, tills de är helt kokta och mjuka, cirka 8 minuter, beroende på vilken typ av svamp du använder. Släng rosmarinstammen (låt eventuella blad ligga kvar).
d) Dela svampen mellan två serveringsskålar. Lämna eventuell extra vätska kvar i pannan.
e) Sätt tillbaka pannan på medelvärme och tillsätt olivolja och schalottenlök. Fräs tills det precis vissnat, ca 1 minut. Öka värmen till hög, vänta 30 sekunder och tillsätt sedan spenaten och krossad röd paprika. Krydda lätt med salt och rör hela tiden tills spenaten precis vissnat men inte är mosig, ungefär en minut.
f) Skeda eller dumpa spenaten bredvid svampen, delad mellan de två skålarna. Pressa lite citron över grönsakerna.
g) Under tiden sätter du tillbaka pannan i spisen, sänker värmen till låg och tillsätter den återstående 1 msk smör.

h) Knäck äggen i en medelstor skål och smula ner getosten. Vispa lätt upp äggen och lägg sedan till dem i pannan i din brödrost, tillaga dina äggröra som du gillar dem mest — jag brukar gilla att luta pannan och dra en silikonspatel över dem, upprepa rörelsen tills du har lång, fluffiga äggstrån.

i) Krydda äggen efter smak med salt och peppar och tallrik dem bredvid grönsakerna (eller låt de andra matgästerna krydda sina egna ägg).

j) Ät genast.

14. Getost och grönsaksskrot Frittata

Gör: 2 till 4

INGREDIENSER:
- 1 msk olivolja
- 1 vitlöksklyfta, hackad
- 1/8 tsk krossad röd paprika, eller efter smak
- Cirka 1 dl grovt tärnad broccoli eller blomkålsstjälkar
- Salt och nymalen svartpeppar
- 2 stora ägg
- 1 uns getost
- Rivet skal av 1/4 citron

INSTRUKTIONER:
a) Förvärm din brödrost till stekinställningen.
b) Värm olivoljan på medelhög värme i en stekpanna eller ugnssäker stekpanna tills den skimrar.
c) Tillsätt den hackade vitlöken och fräs tills den precis mjuknat, vilket bör ta 1 till 2 minuter.
d) Tillsätt de krossade rödpepparflingorna och låt dem rosta i 30 sekunder.
e) Tillsätt de tärnade broccolin- eller blomkålsstjälkarna och smaka av med salt och svartpeppar. Fortsätt att sautera, rör om då och då, tills de är mjuka, cirka 8 minuter.
f) Under tiden, i en skål, vispa äggen och ett stänk av salt tills de är enhetliga.
g) När grönsakerna är mjuka tar du bort pannan eller ugnsformen från brödrosten. Tillsätt äggen och rör hela blandningen snabbt. Luta pannan framåt, bakåt, vänster och höger, låt äggen fylla i luckorna och göra något av en runda.
h) Prick toppen av frittatan med getosten och strö sedan över citronskalet och lite nymalen peppar.
i) Placera stekpannan eller ugnsformen i den förvärmda brödrostsugnen och ställ in den på att steka i 1 till 2 minuter, bara för att tillaga tills äggen stelnat och kanterna på frittatan har fått färg efter dina önskemål. Håll ett öga för att förhindra brännskador.
j) Använd en grytlapp eller en kökshandduk och ta försiktigt bort kastrullen eller ugnsformen från brödrosten. Den ska glida bekvämt.
k) Skjut frittatan direkt på en skärbräda.
l) Skär i fjärdedelar och servera genast.

15. Krauty omelett

Gör: 1

INGREDIENSER:
- 1 matsked osaltat smör, olivolja eller chileolja
- 2 stora ägg, väl uppvispade
- ¼ kopp väldränerad surkål
- Salt och nymalen svartpeppar

INSTRUKTIONER:
a) Förvärm din brödrost till 350°F (175°C) och ställ in den att grädda.
b) Värm smöret (eller oljan) över medel-låg värme tills det har smält eller oljan har spridit sig över botten av pannan i en brödrostsäker stekpanna eller ugnsform.
c) Tillsätt de vispade äggen och luta pannan så att ägget når hela vägen ut i kanterna.
d) Strö ut surkålen i ett behagligt arrangemang ovanpå äggen.
e) Krydda omeletten med salt och peppar (tänk på att surkålen redan har salt) och luta kastrullen i cirkulära rörelser igen så att eventuella äggpölar fördelar sig jämnt.
f) Använd en silikonspatel för att försiktigt lyfta ägget från kanterna på pannan. Fortsätt att laga mat, skaka pannan då och då, tills äggen precis är genomkokta efter eget tycke.
g) Lägg omeletten på en tallrik och ät den direkt.

16. Brun Rispudding

Gör: 6 till 8

INGREDIENSER:
- Osaltat smör, till ugnsformen
- 1 kopp helmjölk
- ¼ kopp honung
- ½ tsk mald kanel
- 5 river muskotnöt
- 1 tsk osötat vaniljextrakt
- ¼ tesked kosher salt
- 2 stora ägg
- 2 koppar kokt brunt ris
- ½ tsk rivet citronskal
- ½ kopp russin
- 1 kopp tärnade färska persikor (eller vilken frukt du vill som är i säsong) eller till och med frysta persikor
- 1 kopp helmjölksyoghurt

INSTRUKTIONER:
a) Förvärm din brödrost till 400°F (200°C). Smöra en 8 × 8-tums brödrost ugnssäker bakform.
b) I en stor skål, kombinera mjölk, honung, kanel, muskotnöt, vanilj, salt och ägg. Använd en stavmixer (eller visp) och mixa den noggrant tills alla ingredienser är helt förenade.
c) Tillsätt det kokta bruna riset, citronskalet, russinen och persikorna till blandningen. Rör om dem ordentligt för att kombinera.
d) Häll risblandningen i den smörade ugnsformen, använd en spatel för att få ut de sista vätskebitarna ur skålen.
e) Grädda puddingen i din förvärmda brödrost i 15 minuter.
f) Efter 15 minuter, ta bort puddingen från brödrosten och rör om den med en spatel.
g) Sätt tillbaka formen i brödrostsugnen och grädda tills puddingen bubblar runt kanterna, vilket bör ta cirka 10 minuter längre. Om det inte bubblar, höj temperaturen till 425°F och grädda i ytterligare 5 minuter.
h) Ta ut puddingen från brödrosten. Tillsätt yoghurten och rör om bara för att kombinera.
i) Låt puddingen sitta i 5 minuter. Denna kan avnjutas varm och fräsch, eller så kan du kyla den och njuta av den kall. Om den är kyld, låt den svalna till rumstemperatur innan du ställer den i kylen.

SNACKS OCH aptitretare

17.Mozzarellafyllda Arancini

Gör: 14 portioner

INGREDIENSER:
- 3½ dl kycklingfond med låg natriumhalt
- 4 matskedar osaltat smör, delat
- 1 medelstor lök, finhackad
- 2 vitlöksklyftor, hackade
- 1 dl arborioris
- 1½ tsk kosher salt, plus mer efter smak
- ½ dl torrt vitt vin
- 2 uns finriven parmesan
- ¼ kopp tung grädde
- 1 tsk nymalen svartpeppar, plus mer efter smak
- 3 uns mozzarella med låg fukthalt, skuren i 1/2-tums bitar
- 1½ dl panko brödsmulor
- 2 msk smält saltat smör
- ½ kopp universalmjöl
- 2 stora ägg, uppvispade matlagningsspray
- Marinarasås, till servering

INSTRUKTIONER:
a) Sjud kycklingfonden i en kastrull och håll sedan varm på låg värme.
b) Värm 2 matskedar osaltat smör i en medelstor kastrull på medelvärme.
c) Tillsätt lök i kastrullen och koka i 5 minuter eller tills den mjuknat.
d) Tillsätt vitlök och koka i 1 minut eller tills den mjuknat.
e) Tillsätt ris och 1½ teskedar koshersalt i kastrullen.
f) Koka riset i 3 minuter eller tills kanterna blir genomskinliga.
g) Häll i vinet, rör om och koka i 3 minuter eller tills vinet har avdunstat och riset ser torrt ut.
h) Häll i 1 dl av den varma kycklingfonden och låt koka upp. Rör om ofta, koka riset i 5 minuter eller tills vätskan absorberats. Upprepa denna process med ytterligare en kopp kycklingfond.
i) Tillsätt de återstående 1½ kopparna kycklingfond och koka, rör ofta, i 10 minuter eller tills riset är genomkokt men tandigt och vätskan till största delen absorberas.
j) Ta bort risotton från värmen och blanda i parmesan, tjock grädde, svartpeppar och de återstående två matskedarna osaltat smör.
k) Krydda risotton efter smak med salt och svartpeppar.
l) Bred ut risotton i ett jämnt lager på en bakplåtspappersklädd plåt och täck med plastfolie.
m) Ställ risotton i kylen och låt stå kallt i 4 timmar.
n) Dela den kylda risotton i 14 jämna bitar och forma dem till runda biffar ca 2½ tum i diameter.
o) Lägg en bit mozzarella i mitten av en biff, nyp och forma risotton så att den helt omsluter osten, rulla sedan till en boll. Upprepa med varje risottobiff.
p) Lägg bollarna på bakplåten klädd med färskt bakplåtspapper, täck med plastfolie och ställ i frysen i 15 minuter.
q) Lägg pankobrödsmulorna i en matberedare och mixa tills de är finmalda, lägg sedan i en skål.
r) Blanda pankobrödsmulorna med det smälta saltade smöret tills det är väl blandat.
s) Ta ut risottobollarna från frysen och muddra i mjöl, doppa i uppvispat ägg och täck sedan med ströbröd. Upprepa denna process med resten av bollarna. Avsätta.
t) Välj förvärmningsfunktionen på Air Fryer Toaster-ugnen, justera temperaturen till 400°F och tryck på Start/Paus.

u) Lägg bollarna i stekkorgen, spraya dem rikligt med matlagningsspray och sätt sedan in korgen i mitten av den förvärmda ugnen.
v) Välj Air Fry-funktionen, justera tiden till 20 minuter och tryck på Start/Paus.
w) Ta ut arancinin från ugnen och servera med marinarasås.

18.Koreanska "stekta" kycklingvingar

Gör: 4 portioner

INGREDIENSER:
WINGS INGREDIENSER
- 2 pund kycklingvingar
- 1 tsk kosher salt
- ½ tsk svartpeppar
- 1½ tsk lökpulver
- 1½ tsk vitlökspulver
- ¾ tsk mald senap
- 1 tsk gochugaru
- 2 matskedar majsstärkelse
- 1 msk vatten Matlagningsspray
- Rostade sesamfrön, att strö över

SÅSINGREDIENSER
- 3 matskedar koreansk gojuchang röd paprikapasta
- 2 matskedar vit destillerad vinäger
- 1 matsked varmt vatten
- 2 matskedar honung
- 1 msk sojasås

INSTRUKTIONER:
a) Blanda alla ingredienser till vingarna utom matlagningssprayen och sesamfrön i en stor skål. Blanda väl.
b) Välj förvärmningsfunktionen på Air Fryer Toaster-ugnen, justera temperaturen till 400°F och tryck på Start/Paus.
c) Spraya båda sidorna av vingarna med matlagningsspray.
d) Placera vingarna i stekkorgen och sätt sedan in korgen i mitten av den förvärmda ugnen.
e) Välj Air Fry-funktionen, justera tiden till 25 minuter och tryck sedan på Start/Paus.
f) Blanda ihop ingredienserna till såsen tills den är väl kombinerad, låt sedan mikrovågsugn på hög nivå i 30 sekunder. Avsätta.
g) Ta bort vingarna när de är klara, lägg sedan vingarna och såsen i en stor skål och blanda ihop tills vingarna är väl belagda.
h) Strö vingarna med rostade sesamfrön och servera.

19.Fläsk Magen Scallion Yakitori

Gör: 3 portioner

INGREDIENSER:
- ¼ kopp sojasås
- 1 matsked sake
- 2 msk mirin
- 2 tsk risvinsvinäger
- 2 matskedar mörkt farinsocker ½ tesked lökpulver
- ¼tsk vitlökspulver
- ¼ tsk kosher salt
- 1½ tums bit ingefära, skalad och grovt skivad
- 1 pund ½-tums tjock skivad fläskmage, skuren i 2-tums bitar
- 6 salladslökar
- Citronklyftor, till servering

INSTRUKTIONER:
a) Kombinera sojasås, sake, mirin, risvinsvinäger, mörkt brunt socker, lökpulver, vitlökspulver, koshersalt och ingefära i en skål.
b) Tillsätt fläskköttet i marinaden och massera in marinaden i köttet.
c) Täck över och ställ in i kylen i 5 timmar.
d) Ta ut från kylen och klappa fläskmagen torr med hushållspapper. Ställ åt sidan och låt stå i rumstemperatur i 1 timme.
e) Skär bort den tunnare mörkgröna delen av salladslöken och kassera.
f) Skär den klippta salladslöken i tredjedelar.
g) Spett en bit fläskmage, följt av en bit salladslök, upprepa sedan tills spetten är fylld. Lägg spetten på matbrickan.
h) Välj förvärmningsfunktionen på Air Fryer Toaster-ugnen, justera temperaturen till 450°F och tryck på Start/Paus.
i) Sätt in matbrickan med yakitori i toppläget i den förvärmda ugnen.
j) Välj funktionerna Broil och Shake och tryck sedan på Start/Paus.
k) Vänd yakitori halvvägs genom tillagningen. Skakpåminnelsen låter dig veta när.
l) Ta ut när det är klart och servera med en citronklyfta.

20. Croque Monsieur Sandwich

Gör: 2

INGREDIENSER:
- 4 skivor surdegsbröd av god kvalitet
- 20 g saltat smör, mjukat
- 2 msk dijonsenap
- 150 g tjock skuren skinka av god kvalitet
- 60 g Gruyere eller vintage cheddarost, fint skivad ½ kopp färdig bechamelsås
- 2 msk finriven parmesanost
- Knäckt svartpeppar, att servera

INSTRUKTIONER:
a) Rosta först brödet: Pensla varje skiva rikligt med smör och lägg direkt på gallret med smörsidan uppåt. Ställ temperaturratten på toast och timer/toast-ratten på medium-toast funktion. Rosta tills de är gyllenbruna.
b) Klä ugnsplåten med folie. Lägg 2 skivor rostat bröd på plåten, med smörsidan nedåt. Bred vardera med 1 msk senap, toppa vardera med skinka och Gruyereost. Ställ in den tempererade knappen på grill och timer/toast-ratten i 5 minuter. Skjut in plåten på gallret i brödrosten och grilla tills osten smält.
c) Ta försiktigt ut den varma plåten från ugnen. Lägg de andra brödskivorna ovanpå, med smörsidan uppåt. Täck försiktigt varje med béchamelsås och parmesan. Sätt tillbaka plåten i ugnen. Ställ timern/toastknappen på 5 minuter och grilla tills topparna bubblar och är gyllene.
d) Servera genast med en rejäl malning av svartpeppar.

21.Buffalo blomkål

Gör: 4 portioner

INGREDIENSER:
- 1 dl glutenfri panko brödsmulor
- 1 tsk malen paprika
- ½ tsk vitlökspulver ¼ tsk lökpulver
- ½ tsk cayennepeppar
- 1 tsk kosher salt
- ½ tsk nymalen svartpeppar
- 1 blomkålshuvud, skuren i buketter
- 2 matskedar majsstärkelse
- 3 ägg, vispad matlagningsspray
- ¾ kopp buffalo wing sås, varm
- Ranch- eller bleuostdressing, för servering

INSTRUKTIONER:
a) Kombinera pankobrödsmulor, paprika, vitlökspulver, lökpulver, cayennepeppar, koshersalt och svartpeppar i en stor skål. Avsätta.
b) Blanda samman blomkål och majsstärkelse tills blomkålen är lätt täckt.
c) Skaka bort eventuell överflödig majsstärkelse från blomkålen, doppa sedan i uppvispade ägg och sedan i kryddat ströbröd.
d) Spraya den panerade blomkålen med matlagningsspray, lägg i stekkorgen och ställ åt sidan. Du kan behöva arbeta i omgångar.
e) Välj förvärmningsfunktionen på Air Fryer Toaster-ugnen, justera temperaturen till 380°F och tryck på Start/Paus.
f) Sätt in stekkorgen med blomkålen i toppläge i den förvärmda ugnen.
g) Välj Air Fry och Shake-funktionerna, justera tiden till 30 minuter och tryck på Start/Paus.
h) Vänd blomkålen halvvägs genom tillagningen. Skakpåminnelsen låter dig veta när.
i) Ta bort när det är klart och lägg i en stor skål.
j) Kasta blomkålen i buffalo wing-såsen tills de är väl belagda.
k) Servera med en sida av ranch- eller ädelostdressing.

22. Za'Atar kryddade pitachips

Gör: 4 (som mellanmål)

INGREDIENSER:
- 2 fullkorns pitabröd
- 2 tsk za'atar kryddblandning
- 1 tsk rökt paprika
- ½ tesked varje saltflingor & knäckt svartpeppar Olivolja spray

INSTRUKTIONER:
a) Separera varje pitabröd, toppen från botten. Stapla bitarna, skär var och en på mitten och sedan i klyftor. Kombinera za'atar, paprika, salt och peppar i en liten skål.
b) Bred ut hälften av pita-trianglarna över gallret i brödrosten. Spraya med olivolja och strö sedan över hälften av kryddblandningen.
c) Skjut försiktigt in gallret i brödrosten över. Ställ temperaturratten på rost och timer/toast vredet på mörk rostat funktion. Rosta tills pitabröden är gyllene och knapriga. Upprepa med resterande pitabröd och kryddblandning.
d) Servera med din favoritdipp.

23. Kanel äppelchips

Gör: 4 portioner

INGREDIENSER:
- 1 äpple
- 1 msk citronsaft
- ¼ tesked kanel

INSTRUKTIONER:
a) Skiva äpplet i ⅛ tum tjocka skivor, helst med hjälp av en mandolinskärare.
b) Lägg skivorna i en skål med vatten blandat med citronsaften för att förhindra att de blir bruna. Ta bort efter 2 minuter och torka ordentligt med hushållspapper.
c) Strö äppelskivorna med kanel och lägg på matbrickan.
d) Sätt in matbrickan i mitten av den förvärmda ugnen.
e) Välj funktionen Dehydrate på Air Fryer Toaster Ugn, justera tiden till 8 timmar och tryck på Start/Paus.
f) Ta ut när äppelchipsen är krispiga.

24. Krispiga kryddade kikärter

Gör: 4 portioner

INGREDIENSER:
- 1 (15 ounce) burk kikärter, avrunna, sköljda och klappade torra
- 1 msk olivolja
- ½ tsk spiskummin ¼ tsk paprika
- ½ tsk malda fänkålsfrön ⅛ tsk cayennepeppar

INSTRUKTIONER:
a) Blanda alla ingredienser i en stor skål och rör om för att kombinera.
b) Välj förvärmningsfunktionen på Air Fryer Toaster-ugnen, justera temperaturen till 430°F och tryck på Start/Paus.
c) Lägg kikärter på matbrickan och sätt sedan in brickan i mitten av den förvärmda ugnen.
d) Välj Air Fry-funktionen, justera tiden till 12 minuter och tryck på Start/Paus.
e) Ta bort när kikärtorna är krispiga och gyllene.

25. Rosmarin-tamari mandlar

Gör 1½ koppar

INGREDIENSER:
- 2 kvistar färsk rosmarin, blad avskalade från stjälken
- 1½ koppar (8 ounces/225g) råa mandlar
- ½ tsk tamari
- 1 msk olivolja
- ½ tesked krossad röd paprika eller ichimi (japansk röd paprika) (valfritt)
- ¾ tsk kosher salt, eller mer efter smak

INSTRUKTIONER:
a) Förvärm din brödrost till 300°F (149°C).
b) Klä en plåt med bakplåtspapper eller en bakmatta av silikon.
c) Gnid ihop rosmarinbladen med fingertopparna för att öppna upp oljorna och deras doft, lägg sedan till dem i en medelstor skål.
d) Tillsätt mandel, tamari, olivolja, krossad röd paprika (om du använder) och salt i samma skål. Rör ihop dem tills de är helt blandade.
e) Häll nötblandningen på den förberedda bakplåten.
f) Rosta mandlarna i din förvärmda brödrost i cirka 20 minuter eller tills nötterna är aromatiska och har fått lite ljus färg. Rör om mandeln halvvägs genom tillagningstiden.
g) Ta ut mandlarna från brödrosten och låt dem svalna i en minut. Smaka av efter smaksättning och tillsätt mer salt om så önskas.
h) Du kan äta mandlarna medan de är varma eller låta dem svalna till rumstemperatur.
i) Förvara de kylda mandlarna, täckta, i rumstemperatur i upp till 1 vecka.

26.Coconut-Wakame Trail Mix

Gör ca 3 koppar

INGREDIENSER:
- 1 uns torkad wakame (eller ½ uns rostade nori-ark)
- 1½ koppar (8 uns) rå mandel
- ½ kopp (3 uns) pumpafrön
- ½ kopp (1 uns) osötade kokosflingor
- 4 tsk olivolja
- 1 msk vita sesamfrön
- 2 tsk tamari
- ¼ tesked cayennepeppar

INSTRUKTIONER:
a) Förvärm din brödrost till 300°F (149°C).
b) Klä en plåt med bakplåtspapper eller en bakmatta av silikon.
c) I en medelstor skål, kombinera tång (torkad wakame eller rostade nori-ark), mandel, pumpafrön, kokosflingor, olivolja, sesamfrön, tamari och cayenne. Kasta dem tills de är helt kombinerade.
d) Överför blandningen till den klädda plåten.
e) Rosta trailmixen i din förvärmda brödrost i cirka 20 minuter, eller tills kokosnöten har fått en gyllenbrun färg och mandeln har mörknat något. Rör om blandningen halvvägs genom tillagningstiden.
f) Ta ut pannan från brödrosten och låt blandningen svalna på pannan i en minut. Smaka av efter smaksättning och tillsätt salt om det behövs.
g) Du kan njuta av spårblandningen medan den är varm eller låt den svalna till rumstemperatur.
h) Förvara den kylda trailmixen, täckt, i rumstemperatur i upp till 1 vecka.

27. Olivolja grönkålschips

Gör 1 bricka med chips

INGREDIENSER:
- Ca 12 grönkålsblad
- 1 msk olivolja
- Salt

INSTRUKTIONER:
a) Förvärm din brödrost till 275°F (135°C). Om du har ett galler, ställ in det i en plåt. Klä annars formen med bakplåtspapper.
b) Skala av stjälkarna och mittbenen från grönkålsbladen och släng dem. Riv grönkålsbladen grovt i bitar som är något större än du vill att chipsen ska vända ut (du kan även lämna några som hela blad). Lägg de trasiga bladen i en skål.
c) Tillsätt olivoljan till grönkålsbladen och blanda dem noggrant med händerna för att säkerställa att alla blad är snyggt mättade med olja. Torra löv kan bli bittra. Krydda grönkålsbladen lätt med salt och släng dem igen.
d) Lägg grönkålsbladen i ett enda lager på gallret eller den fodrade pannan, gör ditt bästa för att inte låta bladen överlappa varandra.
e) Rosta grönkålsbladen i din förvärmda brödrost tills de är knapriga överallt, kontrollera då och då ugnen och separera eventuella överlappande blad när de tillagas. De är vanligtvis helt krispiga efter cirka 25 minuter.
f) Ta ut grönkålschipsen från brödrostsugnen och smaka av ett chips för att smaka av. Strö över mer salt om det behövs.

28.Ostaktigt vitlöksbröd

INGREDIENSER:

- 1 baguette eller franskbröd
- 2 vitlöksklyftor, hackade
- 1/4 kopp smör, mjukat
- 1 dl riven mozzarellaost
- 1/4 kopp riven parmesanost
- 1 msk färsk persilja, hackad
- Salta och peppra efter smak

INSTRUKTIONER:

a) Förvärm din brödrost till 350°F (175°C).
b) Dela baguetten på mitten på längden och lägg den på en plåt.
c) Blanda den hackade vitlöken och det mjuka smöret i en liten skål. Fördela vitlökssmöret jämnt över brödet.
d) Strö mozzarella och parmesanost över vitlökssmöret.
e) Krydda med salt och peppar efter smak.
f) Placera bakplåten i brödrostsugnen och grädda i cirka 10 minuter eller tills osten är smält och bubblig.
g) Garnera med hackad färsk persilja.
h) Skiva och servera genast.

29. Mini Capresespett

INGREDIENSER:
- körsbärstomater
- Färska mozzarellabollar
- Färska basilikablad
- Balsamico glasyr
- Olivolja
- Salt och peppar

INSTRUKTIONER:
a) Förvärm din brödrosts grillfunktion.
b) Trä körsbärstomater, mozzarellabollar och färska basilikablad på spett.
c) Ringla över lite olivolja och smaka av med salt och peppar.
d) Lägg spetten på en plåt.
e) Stek i 2-3 minuter eller tills mozzarellan börjar smälta.
f) Ta ut ur brödrosten och ringla över balsamicoglasyr.
g) Servera dessa läckra Capresespett omedelbart.

30. Hummus av rostad röd paprika

INGREDIENSER:
- 1 burk (15 oz) kikärter, avrunna och sköljda
- 1/4 kopp rostad röd paprika (från en burk)
- 3 matskedar tahini
- 2 vitlöksklyftor, hackade
- Saften av 1 citron
- 2 matskedar olivolja
- 1/2 tsk malen spiskummin
- Salta och peppra efter smak

INSTRUKTIONER:
a) Förvärm din brödrost till 375°F (190°C).
b) I en matberedare, kombinera kikärtorna, rostad röd paprika, tahini, hackad vitlök, citronsaft, olivolja, spiskummin, salt och peppar.
c) Bearbeta blandningen tills den är slät och krämig, skrapa ner sidorna efter behov.
d) Överför hummusen till en ugnssäker form.
e) Placera formen i brödrost och grädda i ca 10-15 minuter, eller tills den är genomvärmd.
f) Servera den rostade röda paprikahummusen med pitabröd, kex eller grönsaksstavar.

31.Bakade sötpotatisfrites

INGREDIENSER:
- 2 sötpotatisar, skurna i pommes frites
- 2 matskedar olivolja
- 1/2 tsk paprika
- 1/2 tsk vitlökspulver
- Salta och peppra efter smak
- Valfritt: dippsås (t.ex. aioli eller ketchup)

INSTRUKTIONER:
a) Förvärm din brödrost till 400°F (200°C).
b) I en stor skål, släng sötpotatisfritesen med olivolja, paprika, vitlökspulver, salt och peppar tills de är jämnt belagda.
c) Lägg de kryddade pommes fritesen på en bakplåt i ett enda lager.
d) Grädda i brödrostsugnen i ca 20-25 minuter eller tills pommes fritesen är krispiga och gyllenbruna.
e) Servera sötpotatisfritesen med din favoritdippsås.

32. Fyllda svampar

INGREDIENSER:
- 12 stora svampmössor
- 1/2 kopp färskost
- 1/4 kopp riven parmesanost
- 2 vitlöksklyftor, hackade
- 2 msk färsk persilja, hackad
- Salta och peppra efter smak
- Olivolja för borstning

INSTRUKTIONER:
a) Förvärm din brödrost till 375°F (190°C).
b) Ta bort stjälkarna från svamplocken och pensla dem med olivolja.
c) I en skål, kombinera färskost, riven parmesanost, hackad vitlök, hackad persilja, salt och peppar.
d) Fyll varje svamplock med färskostblandningen.
e) Lägg de fyllda svamparna på en plåt.
f) Grädda i brödrostsugnen i ca 15-20 minuter, eller tills svampen är mjuk och fyllningen gyllenbrun.
g) Servera dessa läckra fyllda svampar som förrätt.

33. Mini pizzor

INGREDIENSER:
- Engelska muffins eller små pizzaskorpor
- Pizzasås
- Strimlad mozzarellaost
- Ditt val av pizzapålägg (t.ex. pepperoni, paprika, svamp)
- Torkad oregano och krossade rödpepparflingor (valfritt)

INSTRUKTIONER:
a) Förvärm din brödrost till 375°F (190°C).
b) Dela de engelska muffinsen eller förbered de små pizzaskorporna på en plåt.
c) Bred ett lager pizzasås på varje halva.
d) Lägg till strimlad mozzarellaost och ditt val av pizzapålägg.
e) Strö över torkad oregano och krossade rödpepparflingor för extra smak (om så önskas).
f) Sätt in minipizzorna i brödrostsugnen och grädda i ca 10-12 minuter eller tills osten är bubblig och skorpan är knaprig.
g) Skiva och njut av dina minipizzor som ett gott mellanmål.

34.Brödrostsugn Quesadillas

INGREDIENSER:
- Mjöl tortillas
- 1 kopp riven ost (t.ex. cheddar, Monterey Jack)
- Ditt val av fyllningar (t.ex. tärnad paprika, lök, kokt kyckling eller köttfärs)
- Salsa, guacamole och gräddfil för doppning

INSTRUKTIONER:
a) Förvärm din brödrost till 350°F (175°C).
b) Lägg en tortilla på en plåt.
c) Strö hälften av den rivna osten jämnt över tortillan.
d) Lägg valfri fyllning ovanpå osten.
e) Lägg en annan tortilla ovanpå för att bilda en quesadilla.
f) Grädda i brödrost i ca 8-10 minuter, eller tills quesadillan är gyllenbrun och osten smält.
g) Låt den svalna en minut och skär sedan i klyftor. Servera med salsa, guacamole och gräddfil.

35. Mini fyllda paprika

INGREDIENSER:
- Mini paprika
- Färskost
- Kokt och smulat bacon (valfritt)
- Hackad gräslök eller salladslök
- Salta och peppra efter smak

INSTRUKTIONER:
a) Förvärm din brödrost till 375°F (190°C).
b) Skiva av toppen på mini paprikan och ta bort frön och hinnor.
c) Blanda färskost, kokt bacon (om du använder), hackad gräslök, salt och peppar i en skål.
d) Fyll varje mini paprika med färskostblandningen.
e) Lägg de fyllda paprikorna på en plåt.
f) Grädda i brödrostsugnen i ca 15-20 minuter, eller tills paprikorna är mjuka och fyllningen är lätt brynt.
g) Servera dessa mini fyllda paprika som en härlig förrätt.

36. Kanel socker bakade äppelskivor

INGREDIENSER:
- 2 äpplen, urkärnade och skivade
- 2 msk smält smör
- 2 msk farinsocker
- 1/2 tsk mald kanel
- Vispad grädde eller vaniljglass (valfritt)

INSTRUKTIONER:
a) Förvärm din brödrost till 350°F (175°C).
b) I en skål, släng äppelskivorna med smält smör, farinsocker och malen kanel tills de är väl täckta.
c) Bred ut de belagda äppelskivorna på en plåt.
d) Grädda i brödrostsugnen i ca 15-20 minuter eller tills äpplena är mjuka och lätt karamelliserade.
e) Servera de bakade äppelskivorna som en varm och söt goding. Toppa med vispgrädde eller vaniljglass om så önskas.

ENTREÉS

37. Bakad flundra med svamp i en brödrost

Gör: 1

INGREDIENSER:
- 4 flundrafiléer (6 oz vardera)
- Citron-peppar krydda
- 1 msk hackad salladslök (inklusive toppar)
- ¾ kopp färska svampar, tunt skivade

INSTRUKTIONER:
a) Förvärm din brödrost till 400°F.
b) Lägg flundrfiléerna på en smord ugnsform.
c) Krydda filéerna med citron-peppar.
d) Toppa filéerna med salladslök och tunt skivad svamp.
e) Täck pannan med folie.
f) Grädda i 400°F i cirka 20 minuter eller tills fisken är genomstekt och svampen mjuk.

38.Kycklingbröst med Chermoulasås

Gör: 4 portioner

INGREDIENSER:
KYCKLINGREDIENSER
- 2 benfria kycklingbröst utan skinn
- 1 msk olivolja
- 1 tsk salt
- 1 tsk peppar

CHERMOULA-INGREDIENSER
- 1 kopp färsk koriander
- 1 dl färsk persilja
- ¼ kopp färsk mynta
- ½ tsk röda chiliflakes
- ½ tsk spiskummin
- ½ tsk korianderfrön
- 3 vitlöksklyftor, skalade
- ½ kopp extra virgin olivolja
- 1 citron, skalad och saftad ¾ tsk rökt paprika ¾ tsk salt

INSTRUKTIONER:
a) Blanda alla ingredienser till chermoulasåsen i en mixer eller matberedare. Pulsera tills den är slät. Smaka av och tillsätt salt om det behövs. Lägg i en skål och ställ åt sidan.
b) Dela kycklingbröstet i halvor på längden och slå lätt med en köttmörare tills båda halvorna är cirka ½ tum tjocka.
c) Välj förvärmningsfunktionen på Air Fryer Toaster-ugnen, justera temperaturen till 430°F och tryck på Start/Paus.
d) Klä matbrickan med folie och lägg sedan kycklingbrösten på brickan. Ringla kycklingen med olivolja och smaka av med salt och peppar.
e) Sätt in matbrickan i översta läget i den förvärmda ugnen.
f) Välj Air Fry-funktionen, justera tiden till 15 minuter och tryck på Start/Paus.
g) Ta bort när kycklingbröstet når en innertemperatur på 160°F. Låt kycklingen vila i 5 minuter.
h) Pensla chermoulasåsen över kycklingen, eller servera kyckling med chermoulasås vid sidan av.

39.Sweet Chili Räkor

Gör: 4 portioner

INGREDIENSER:
- 1 pund jumboräkor, skalade och deveirade
- ¼ kopp sweet chilisås
- 1 lime, skalad och saftad
- 1 msk sojasås
- 1 msk honung
- 1 msk olivolja
- 1 stor vitlöksklyfta, hackad ½ tsk salt
- ¼tsk peppar
- 1 salladslök, tunt skivad, till garnering

INSTRUKTIONER:
a) Lägg räkorna i en stor skål. Vispa alla resterande ingredienser utom salladslöken i en separat skål.
b) Häll såsen över räkorna och rör om.
c) Välj förvärmningsfunktionen på Air Fryer Toaster-ugnen, justera temperaturen till 430°F och tryck på Start/Paus.
d) Klä matbrickan med folie, lägg räkor på brickan och sätt sedan in i översta positionen i den förvärmda ugnen.
e) Välj Air Fry-funktionen, justera tiden till 6 minuter och tryck på Start/Paus.
f) Ta bort räkor och garnera med skivad salladslök.

40. Mahi Mahi Tacos med ananas salsa

Gör: 2 portioner

INGREDIENSER:
SALSA-INGREDIENSER
- 1 kopp ananas, tärnad
- ½ lime, skalad och saftad
- 1 liten jalapeno, tärnad
- 1 avokado, tärnad ¼ rödlök, tärnad
- 2 msk koriander, hackad En nypa salt

MAHI MAHI INGREDIENSER
- 2 (6-ounce) filéer av Mahi Mahi fisk
- 1 msk olivolja Salt & peppar, efter smak Majstortillas till servering

INSTRUKTIONER:
a) Blanda alla ingredienser till salsa i en skål. Rör ihop och smaka av och tillsätt sedan ytterligare salt om så önskas. Förvara salsan i kylen tills den ska serveras.
b) Välj förvärmningsfunktionen på Air Fryer Toaster-ugnen, justera temperaturen till 430°F och tryck på Start/Paus.
c) Klä matbrickan med folie och lägg sedan mahi mahi på brickan. Ringla över olivolja och smaka av med salt och peppar.
d) Sätt in matbrickan i översta positionen i den förvärmda ugnen.
e) Välj Air Fry-funktionen, justera tiden till 9 minuter och tryck på Start/Paus.
f) Ta bort när den inre temperaturen på mahi mahi når nära 145°F. Låt fisken vila i 5 minuter och flinga sedan i stora bitar.
g) Montera tacos genom att placera bitar av mahi mahi på värmda majstortillas. Toppa med salsa och servera.

41.Krispiga Curry Kyckling Anbud

Gör: 4 portioner

INGREDIENSER:
- 1 pund benfritt hudfritt
- kycklingfiléer
- ¼ kopp vanlig yoghurt
- 2 msk thai röd currypasta
- 1½ tsk salt, delat
- ½ tsk peppar
- 1¾ koppar panko brödsmulor
- 1 tsk granulerad vitlök
- 1 tsk granulerad lök Olivolja eller avokadoolja spray

INSTRUKTIONER:
a) Vispa ihop yoghurt, currypasta, 1 tsk salt och peppar i en stor skål. Tillsätt kycklingmörerna och rör om. Täck skålen med plastfolie och marinera i kylen i 6-8 timmar.
b) Kombinera panko brödsmulor, ½ tsk salt, vitlök och lök. Ta bort kycklingfiléerna från marinaden och stryk individuellt i pankoblandningen.
c) Välj förvärmningsfunktionen på Air Fryer Toaster-ugnen, justera temperaturen till 430°F och tryck på Start/Paus.
d) Spraya båda sidorna av varje kyckling mört väl med olivolja eller avokadoolja spray och lägg sedan i stekkorgen.
e) Sätt in stekkorgen i mitten av den förvärmda ugnen.
f) Välj Air Fry och Shake-funktionerna, justera tiden till 14 minuter och tryck på Start/Paus.
g) Vänd på kycklingen halvvägs genom tillagningen. Skakpåminnelsen låter dig veta när.
h) Ta bort när kycklingen är gyllene och krispiga.

42.Harissa citron hel kyckling

Gör: 6 portioner

INGREDIENSER:
- 2 tsk kosher salt
- ½ tsk nymalen svartpeppar
- ½ tsk malen spiskummin
- 2 vitlöksklyftor
- 6 matskedar harissapasta ½ citron, saftad
- 1 hel citron, skalad
- 1 (5 pund) hel kyckling

INSTRUKTIONER:
a) Lägg salt, peppar, spiskummin, vitlöksklyftor, harissapasta, citronsaft och citronskal i en matberedare och mixa tills de bildar en slät puré.
b) Gnid in purén över hela kycklingen, särskilt inuti håligheten, och täck med plastfolie.
c) Marinera i 1 timme i rumstemperatur.
d) Välj förvärmningsfunktionen på Air Fryer Toaster-ugnen och tryck på Start/Paus.
e) Lägg den marinerade kycklingen på matbrickan och sätt sedan in brickan på lågt läge i den förvärmda ugnen.
f) Välj funktionen Roast och tryck sedan på Start/Paus.
g) Ta bort när den är klar, tält kycklingen med folie och låt den vila i 20 minuter innan servering.

43. Biff Bourguignon

Gör: 6 portioner

INGREDIENSER:
- 4 skivor bacon, hackad i ½-tums bitar
- 3 pund chuckstek, skuren i
- 2-tums bitar
- 1 matsked kosher salt, plus mer efter smak
- 1½ msk svartpeppar, plus mer efter smak
- 4 matskedar universalmjöl, delat
- 2 matskedar olivolja
- 2 stora morötter, skurna i ½-tums tjocka skivor
- ½ stor vit lök, tärnad
- 4 vitlöksklyftor, hackade
- 2 msk tomatpuré
- 3 koppar rött vin (Merlot, Pinot Noir eller Chianti)
- 2 dl nötbuljong
- 1 buljongtärning, krossad
- ½ tsk torkad timjan ¼ tsk torkad persilja 2 lagerblad
- 10 uns färska små vita eller bruna svampar, i fjärdedelar
- 2 matskedar majsstärkelse (valfritt)
- 2 matskedar vatten (valfritt)

INSTRUKTIONER:
a) Rör baconet i en stor gryta på medelvärme i 5 minuter eller tills det är knaprigt.
b) Häll av baconet och ställ åt sidan, lämna baconfettet kvar i grytan.
c) Blanda ihop chuckstekbitar, koshersalt, svartpeppar och 2 matskedar mjöl för alla ändamål tills det är väl kombinerat.
d) Muddra nötköttet på eventuellt extra mjöl och stek i baconfettet ca 4 minuter på varje sida. Det är viktigt att inte överfulla krukan, så du kan behöva arbeta i omgångar.
e) Ta bort nötköttet när det är klart och ställ åt sidan med baconet.
f) Tillsätt olivolja, skivade morötter och tärnad lök i grytan. Koka i 5 minuter, tillsätt sedan vitlöken och koka ytterligare en minut.
g) Tillsätt tomatpurén och koka i 1 minut, blanda sedan i de återstående 2 msk mjöl och koka på medelhög låg nivå i 4 minuter.
h) Häll i vinet och köttbuljongen, skrapa botten av grytan för att se till att det inte fastnar några bitar i botten.

i) Lägg tillbaka baconet och det stekta köttet i grytan tillsammans med buljongtärningen, torkad timjan, torkad persilja, lagerblad och svamp. Blanda väl och låt koka upp lätt.
j) Sätt in gallret på lågt läge i Air Fryer-brödrostugnen.
k) Täck grytan med folie och ställ på galler i ugnen. Se till att folien sitter fast så att den inte lyfter och kommer i kontakt med värmeelementen.
l) Välj funktionen Slow Cook, justera tiden till 4 timmar och tryck på Start/Paus.
m) Ta försiktigt ut grytan från ugnen när den är klar och ställ tillbaka på spisen.
n) Släng folien, blanda grytan och smaka av med salt och peppar.
o) Tjocka grytan om så önskas genom att använda en majsstärkelseuppslamning av 2 msk majsstärkelse och 2 msk vatten. Tillsätt hälften, blanda och låt koka upp, rör om då och då. Om såsen fortfarande är för tunn, tillsätt den andra hälften av slurryn.

44.Köttälskare Pan Pizza

Gör: 9 portioner

INGREDIENSER:
DEG
- ¾ kopp plus 1½ matskedar varmt vatten, 100°-110°F
- 1¾ teskedar snabbjäst
- 2 koppar universalmjöl, plus mer för att pudra
- 1 tsk kosher salt
- 1 matsked extra virgin olivolja, plus mer för duggregn

TOPPINGS
- 6 matskedar pizzasås
- 8 uns strimlad mozzarella med låg fuktighet
- Pepperoni skivor
- 8 uns kokt italiensk korv Krossad röd paprika, för att strö Torkad oregano, för att strö
- Svartpeppar, att strö över

INSTRUKTIONER:
a) Häll vatten i en stor mixerskål och vispa sedan i jästen. Låt blomma i 10 minuter.
b) Tillsätt mjöl och salt och blanda med händerna tills inget torrt mjöl finns kvar.
c) Täck degen tätt med plastfolie och låt vila i rumstemperatur i 15 timmar.
d) Tillsätt olivoljan och forma till en boll.
e) Ringla extra virgin olivolja generöst på matbrickan och använd händerna för att täcka jämnt.
f) Lägg degen på matbrickan och bred ut den något mot formens hörn.
g) Ringla lite mer extra jungfruolja på toppen och använd händerna för att täcka toppen av degen jämnt.
h) Täck över degen och låt vila i 90 minuter.
i) Bred ut degen ytterligare så att den täcker botten av formen, tryck sedan upp eventuella bubblor som bildats i degen.
j) Bred pizzasås på degen, följt av ost, sedan pepperoni och korv.
k) Strö pizzan med krossad röd paprika, torkad oregano och svartpeppar.
l) Välj förvärmningsfunktionen på Air Fryer Toaster-ugnen, justera temperaturen till 450°F och tryck på Start/Paus.

m) Sätt in pizzan på lågt läge i den förvärmda ugnen.
n) Välj pizzafunktionen, justera tiden till 15 minuter och tryck på Start/Paus.
o) Ta bort när det är klart och låt vila i 5 minuter innan du skär.
p) Skär pizzan i rutor och servera.

45. Ribeye-biff med ädelostblandningssmör

Gör: 2 portioner

INGREDIENSER:
- 5 matskedar osaltat smör, mjukat
- ¼ kopp smulad ädelost
- 2 tsk citronsaft
- 1 msk färsk hackad gräslök
- Salt & nymalen svartpeppar efter smak
- 2 (12 ounce) benfria ribeye biffar

INSTRUKTIONER:
a) Blanda ihop smör, ädelost, citronsaft och gräslök till en jämn smet.
b) Krydda smöret efter smak med salt och peppar.
c) Lägg smöret på plastfolie och forma till en 3-tums stock, bind ihop ändarna av plastfolien.
d) Ställ smöret i kylen i 4 timmar för att stelna.
e) Låt biffarna stå i rumstemperatur i 1 timme.
f) Torka av biffarna med hushållspapper och smaka av med salt och peppar.
g) Sätt i frityrkorgen i översta positionen i Air Fryer Toaster-ugnen.
h) Välj förvärmningsfunktionen, justera temperaturen till 450°F och tryck på Start/Paus.
i) Lägg biffarna i stekkorgen i den förvärmda ugnen.
j) Välj Broil-funktionen, justera tiden till 12 minuter och tryck på Start/Paus.
k) Ta bort när det är klart och låt vila i 5 minuter.
l) Ta ut smöret från kylen, packa upp och skär i ¾-tums bitar.
m) Servera steken med en eller två bitar skivat sammansatt smör.

46.Slow Cooked Carnitas

Gör: 6 portioner

INGREDIENSER:
- 1 fläskaxel (5 pund), med ben
- 2½ teskedar koshersalt
- 1½ tsk svartpeppar
- 1½ tsk mald spiskummin
- 1 tsk torkad oregano
- ¼ tsk mald koriander
- 2 lagerblad
- 6 vitlöksklyftor
- 1 liten lök, i fjärdedelar
- 1 kanelstång
- 1 fullt apelsinskal (ingen vit)
- 2 apelsiner, saftade
- 1 lime, saftad

INSTRUKTIONER:
a) Krydda fläskaxeln med salt, peppar, spiskummin, oregano och koriander.
b) Lägg den kryddade fläsket i en stor gryta tillsammans med eventuell krydda som inte fastnat på fläsket.
c) Lägg i lagerblad, vitlöksklyftor, lök, kanelstång och apelsinskal.
d) Pressa i saften av två apelsiner och en lime och täck med folie.
e) Sätt in gallret på lågt läge i Air Fryer Toaster-ugnen och placera sedan grytan på gallret.
f) Välj funktionen Slow Cook och tryck på Start/Paus.
g) Ta bort försiktigt när du är klar, avtäck och ta bort benet.
h) Strimla carnitas och använd dem i tacos, burritos eller något annat sätt du vill.

47.Medelhavsgrönsaksgratäng

Gör: 2-3

INGREDIENSER:
- 1 liten zucchini, ändarna putsade
- 150 g rostade paprikaskivor
- 150 g marinerade rostade aubergineskivor
- 250 ml tomatsugo av god kvalitet, värmd genom 75 g färsk mozzarellaost, skivad 25 g färskt ströbröd
- 1 msk parmesanost, fint riven
- 2 kvistar färska timjanblad, plockade (valfritt)
- Knäckt svartpeppar, efter smak
- 1 msk extra virgin olivolja
- Handfull färska basilikablad, att servera

INSTRUKTIONER:
a) Använd en grönsaksskalare för att skala långa zucchiniband. Lägg zucchinibanden direkt på gallret. Skjut in gallret i brödrostsugnen. Ställ temperaturratten på grill och timer/toast-ratten i 10 minuter. Grilla tills zucchinin är mjuk.
b) Lägg den kokta zucchinin, paprikan och aubergineskivorna i lager i en liten ugnsform med kapacitet på 3 koppar. Häll över den varma sugon, toppa med mozzarellaskivor, ströbröd, parmesan, timjan, peppar och ringla över olivolja.
c) Placera ugnsformen på ett galler i brödrost. Ställ in timern/rostat bröd på 10 minuter. Grilla tills osten smält och ströbrödet är gyllene. Strö över basilikabladen. Tjäna.

48.Rustik italiensk tomatsallad

Gör: 4

INGREDIENSER:
- ¼ kopp extra virgin olivolja 30 ml rödvinsvinäger
- salt och knäckt svartpeppar efter smak
- 1 kg mogna blandade tomater, grovt hackade
- 200g surdegskrutonger
- ½ rödlök, fint skivad
- 1 msk saltad kapris, sköljd & grovt hackad
- stor näve basilika & persiljablad, grovt hackade

INSTRUKTIONER:
a) Blanda olja och vinäger i en stor skål. Krydda med salt och peppar efter smak.
b) Tillsätt resten av ingredienserna och rör om väl. Tjäna.

49.Shiitake och Cheese hamburgergryta

Ger 6 portioner

INGREDIENSER:
- 1 pund mald seitan
- 4 oz. Shiitakesvamp, skivad
- 1/2 kopp mandelmjöl
- 3 koppar hackad blomkål
- 1 msk chiafrön
- 1/2 tsk vitlökspulver
- 1/2 tsk Lökpulver
- 2 matskedar reducerad sockerketchup
- 1 msk dijonsenap
- 2 msk majonnäs
- 4 oz. Cheddarost
- Salt och peppar efter smak

INSTRUKTIONER:
a) Förvärm din brödrost till 350 grader Fahrenheit.
b) I en stor mixerskål, kombinera mald seitan, skivad shiitakesvamp, mandelmjöl, hackad blomkål, chiafrön, vitlökspulver, lökpulver, reducerad sockerketchup, dijonsenap och majonnäs. Tillsätt salt och peppar efter smak. Blanda allt noggrant och blanda in hälften av cheddarosten i blandningen.
c) Häll blandningen i en bakplåtspappersklädd 9x9 form, fördela den jämnt. Strö över den återstående hälften av cheddarosten.
d) Grädda köttfärslimpan i din förvärmda brödrost i 20 minuter på översta gallret.
e) När köttfärslimpan är tillagad och osten är bubbel och gyllene, ta ut den från brödrosten.
f) Låt köttfärslimpan svalna i några minuter och skiva den sedan i portionsbitar.
g) Servera Seitan- och svampköttfärslimpan med blomkål med extra pålägg eller valfria sidor.

50.Bakad Jambalaya gryta

Ger 4 portioner

INGREDIENSER:
- 10 uns tempeh
- 2 matskedar olivolja
- 1 medelstor gul lök, hackad
- 1 medium grön paprika, hackad
- 2 vitlöksklyftor, hackade
- 1 (28-ounce) burk tärnade tomater, odränerade
- 1/2 kopp vitt ris
- 1 1/2 dl grönsaksbuljong
- 1 1/2 koppar kokta eller 1 (15,5-ounce) burk mörkröda kidneybönor, avrunna och sköljda
- 1 msk hackad färsk persilja
- 1 1/2 tsk Cajun-krydda
- 1 tsk torkad timjan
- 1/2 tsk salt
- 1/4 tsk nymalen svartpeppar

INSTRUKTIONER:
a) Förvärm din brödrost till 350 grader Fahrenheit eller dess närmaste motsvarande temperaturinställning. Vissa brödrostsugnar kanske inte når den exakta temperaturen, så använd det alternativ som ligger närmast.
b) Koka tempen: Koka upp vattnet i en medelstor kastrull eller kastrull och koka tempen i cirka 10-15 minuter, eller tills den har mjuknat. Häll av vattnet och klappa tempen torr. Tärna den i 1/2-tums kuber.
c) Värm 1 matsked av oljan i en stor stekpanna eller panna på medelvärme. Koka tempen i 6-8 minuter, eller tills den fått färg på båda sidor. Lägg tempen i en lämplig ugnssäker form för att svalna.
d) Värm den återstående 1 msk olja i samma stekpanna på medelvärme. Tillsätt löken, paprikan och vitlöken. Koka under lock i cirka 5-7 minuter, eller tills grönsakerna mjuknat.
e) Kasta grönsaksblandningen med tempen i den ugnssäkra formen.
f) Tillsätt tärnade tomater, vitt ris, grönsaksbuljong, kidneybönor, persilja, cajunkrydda, timjan, salt och svartpeppar till skålen. Blanda allt ordentligt.
g) Täck formen ordentligt och placera den i den förvärmda brödrosten.

h) Grädda i cirka 45-60 minuter, eller tills riset är mjukt och smakerna smälter samman. Se till att kontrollera det med jämna mellanrum och justera tiden om det behövs.
i) Servera din jambalaya direkt.

51. Brödrostsugnsbakade kycklingbröst

INGREDIENSER:
- 2 benfria, skinnfria kycklingbröst
- 2 matskedar olivolja
- 1 tsk vitlökspulver
- 1 tsk paprika
- 1/2 tsk torkad timjan
- Salta och peppra efter smak
- Citronklyftor (för servering)

INSTRUKTIONER:
a) Förvärm din brödrost till 375°F (190°C).
b) Lägg kycklingbrösten på en ugnsplåt klädd med aluminiumfolie.
c) Ringla olivolja över kycklingbrösten och krydda dem med vitlökspulver, paprika, torkad timjan, salt och peppar.
d) Grädda i brödrostsugnen i 25-30 minuter eller tills kycklingen når en innertemperatur på 165°F (74°C) och är genomstekt.
e) Servera med citronklyftor för en frisk smak.

52.Brödrostsugn Veggie och ost Quesadillas

INGREDIENSER:
- Mjöl tortillas
- 1 kopp riven ost (t.ex. cheddar, Monterey Jack)
- Skivad paprika, lök och svamp
- Olivolja
- Salta och peppra efter smak
- Salsa och gräddfil (till servering)

INSTRUKTIONER:
a) Förvärm din brödrost till 375°F (190°C).
b) Fräs de skivade grönsakerna i en stekpanna med lite olivolja tills de är mjuka, krydda sedan med salt och peppar.
c) Lägg en tortilla på en plåt och strö hälften av den rivna osten på ena halvan av tortillan.
d) Lägg de sauterade grönsakerna ovanpå osten och vik tortillan på mitten för att täcka fyllningen.
e) Grädda i brödrostsugnen i ca 5-7 minuter, eller tills quesadillan är gyllene och osten smält.
f) Servera med salsa och gräddfil.

53. Brödrostsugnslax med citron och dill

INGREDIENSER:
- 2 laxfiléer
- 2 matskedar olivolja
- 2 matskedar färsk citronsaft
- 1 tsk färsk dill (eller 1/2 tsk torkad dill)
- Salta och peppra efter smak
- Citronskivor (för garnering)

INSTRUKTIONER:
a) Förvärm din brödrost till 375°F (190°C).
b) Lägg laxfiléerna på en ugnsplåt klädd med aluminiumfolie.
c) Ringla olivolja och citronsaft över laxen. Strö över dill, salt och peppar.
d) Lägg citronskivor ovanpå filéerna.
e) Grädda i brödrostsugnen i ca 12-15 minuter eller tills laxen är flagnig och genomstekt.
f) Garnera med ytterligare färsk dill och servera till dina favorittillbehör.

54. Brödrostsugnsbakad Ziti

INGREDIENSER:
- 1 kopp ziti eller penne pasta
- 1/2 kopp marinarasås
- 1/2 kopp ricottaost
- 1/2 kopp strimlad mozzarellaost
- 2 msk riven parmesanost
- 1/2 tsk torkad oregano
- Salta och peppra efter smak

INSTRUKTIONER:
a) Förvärm din brödrost till 375°F (190°C).
b) Koka pastan enligt anvisningarna på förpackningen tills den är al dente, låt den rinna av.
c) I en ugnssäker form, varva hälften av den kokta pastan, följt av hälften av marinarasåsen, ricottaost, mozzarellaost, parmesanost, torkad oregano, salt och peppar.
d) Upprepa skiktningsprocessen med de återstående ingredienserna.
e) Grädda i brödrostsugnen i ca 20-25 minuter eller tills osten är bubblig och gyllene.
f) Servera den bakade ziti med en sallad och vitlöksbröd.

55.Brödrostsugn Mini Köttfärslimpa

INGREDIENSER:
- 1 pund köttfärs eller malet kalkon
- 1/2 kopp ströbröd
- 1/4 kopp mjölk
- 1/4 kopp ketchup
- 1/4 kopp finhackad lök
- 1/4 kopp finhackad paprika
- 1 ägg
- 1 tsk Worcestershiresås
- Salta och peppra efter smak

INSTRUKTIONER:
a) Förvärm din brödrost till 375°F (190°C).
b) I en mixerskål, kombinera alla ingredienser och blanda väl.
c) Forma blandningen till individuella miniköttfärslimpor och lägg dem på en plåt.
d) Grädda i brödrostsugnen i ca 25-30 minuter eller tills köttfärslimpor är genomstekta (innertemperatur 160°F eller 71°C).
e) Servera miniköttfärslimpor med potatismos och ångade grönsaker.

56. Brödrostsugn Margherita Pizza

INGREDIENSER:
- 1 liten pizzabotten eller färdiggjord pizzadeg
- 1/4 kopp pizzasås
- 1 kopp färsk mozzarellaost, skivad
- Färska basilikablad
- Olivolja
- Salta och peppra efter smak

INSTRUKTIONER:
a) Förvärm din brödrost till 425°F (220°C).
b) Kavla ut pizzadegen så att den passar din brödrost.
c) Fördela pizzasås jämnt över degen.
d) Ordna mozzarellaostskivorna ovanpå.
e) Krydda med salt och peppar.
f) Grädda i brödrostsugnen i ca 10-12 minuter eller tills skorpan är gyllene och osten bubblig.
g) Ta ut ur ugnen och garnera med färska basilikablad och en klick olivolja.
h) Skiva och njut av din hemmagjorda Margherita pizza!

57.Brödrostsugn Teriyaki Lax

INGREDIENSER:
- 2 laxfiléer
- 1/4 kopp teriyakisås
- 1 msk honung
- 1 tsk finhackad vitlök
- 1 tsk riven ingefära
- Sesamfrön (valfritt, för garnering)
- Skivad salladslök (valfritt, för garnering)

INSTRUKTIONER:
a) Förvärm din brödrost till 375°F (190°C).
b) I en liten skål, vispa ihop teriyakisås, honung, finhackad vitlök och riven ingefära.
c) Lägg laxfiléerna på en bakplåt med folie.
d) Pensla teriyakiblandningen över laxen.
e) Grädda i brödrost i ca 12-15 minuter, eller tills laxen lätt flagnar med en gaffel.
f) Garnera med sesamfrön och skivad salladslök och servera med ris eller ångade grönsaker.

58.Brödrost Ugn Grönsak Frittata

INGREDIENSER:
- 6 stora ägg
- 1/2 kopp mjölk
- 1 kopp tärnad paprika
- 1 kopp tärnad lök
- 1 kopp tärnade tomater
- 1/2 kopp strimlad cheddarost
- Salta och peppra efter smak

INSTRUKTIONER:
a) Förvärm din brödrost till 375°F (190°C).
b) Vispa ihop ägg, mjölk, salt och peppar i en skål.
c) Smörj en ugnssäker form som passar i din brödrost.
d) Fördela de tärnade grönsakerna jämnt i formen och häll äggblandningen över dem.
e) Strö över den rivna cheddarosten.
f) Grädda i brödrostsugnen i ca 20-25 minuter eller tills frittatan stelnat och fått lite färg.
g) Skär i klyftor och servera till en utsökt brunch eller middag.

59.Brödrost Ugn BBQ Kycklingklubbor

INGREDIENSER:
- 4 kycklingklubbor
- 1/2 kopp barbecuesås
- 1 tsk paprika
- 1/2 tsk vitlökspulver
- 1/2 tsk lökpulver
- Salta och peppra efter smak

INSTRUKTIONER:
a) Förvärm din brödrost till 375°F (190°C).
b) I en skål, kombinera barbecuesås, paprika, vitlökspulver, lökpulver, salt och peppar.
c) Pensla såsblandningen över kycklingklubborna.
d) Lägg klubborna på en bakplåt med folie.
e) Grädda i brödrostsugnen i ca 25-30 minuter, vänd klubborna halvvägs tills de är genomstekta och såsen karamelliserad.
f) Servera BBQ-kycklingklubborna med dina favoritsidor.

SIDOR OCH KRYDDER

60. Rostat skaldjurspålägg från en brödrostsugn

Gör: 2 koppar

INGREDIENSER:
- 1 kopp strimlad schweizisk ost
- 1/2 kopp gräddfil
- 1 msk smör
- 6 oz krabbkött, dränerat, flingat och med borttaget brosk
- 4,5 uns konserverade räkor, sköljda, avrunna och finhackade
- 1 msk grön lök, skivad
- 1 tsk citronsaft

INSTRUKTIONER:
a) I en skål, kombinera den strimlade schweiziska osten, gräddfil och smör. Vispa tills blandningen är fluffig.
b) Rör ner krabbaköttet, hackade räkor, salladslök och citronsaft.
c) Bred ut denna blandning på bröd, bagels eller engelska muffins.

FÖR ATT ROSTA:
d) Placera det förberedda brödet med pålägg på brödrostugnen.
e) Rosta på medelhög inställning tills pålägget är varmt och bubbligt.
f) Förvara eventuellt överblivet pålägg i kylen. Detta recept ger cirka 2 1/3 koppar.

ATT FRYSA:
g) Förvara de olika brödtopparna i tomma 6 oz. juiceburkar.
h) Frys in dem. När du är redo att servera, öppna botten med en konservöppnare.
i) Tryck ut den frysta blandningen ur den öppna änden och skiva av önskad mängd för servering.

61. Hemlagad Harissa

Gör: 20 portioner

INGREDIENSER:
- 2 röda paprikor, halverade, urkärnade och kärnade ur
- 1 tsk spiskummin
- 1 tsk korianderfrön
- 4 matskedar olivolja
- 1 dl lök, hackad
- 5 vitlöksklyftor, hackade
- 1 serrano chili, hackad (ta bort frön för att göra mindre kryddig)
- 1 citron, saftad
- ½ tsk salt

INSTRUKTIONER:
a) Välj förvärmningsfunktionen på Air Fryer Toaster-ugnen, justera temperaturen till 450°F och tryck på Start/Paus.
b) Klä matbrickan med folie och lägg paprikahalvorna på brickan.
c) Sätt in matbrickan i mitten av den förvärmda ugnen.
d) Välj funktionen Roast, justera tiden till 20 minuter och tryck på Start/Paus.
e) Ta bort när paprikorna är förkolnade. Lägg genast paprikan i en skål och täck ordentligt med plastfolie. Låt paprikan ånga i 15 minuter. Ta bort plastfolien, dra bort skalet från paprikan och lägg i en matberedare.
f) Lägg spiskummin och korianderfrön i en torr stekpanna. Rosta på medelvärme i 4-5 minuter eller tills det doftar.
g) Lägg fröna i en mortel och mortelstöt eller kryddkvarn och mal till ett pulver. Lägg i matberedaren.
h) Hetta upp olivolja i en panna på medelvärme. Tillsätt lök och vitlök och fräs i 10 minuter eller tills de börjar mjukna och karamelliseras. Lägg i matberedaren.
i) Lägg resten av ingredienserna i matberedaren och mixa tills det är slätt. Smaka av och tillsätt ytterligare citronsaft, salt eller olivolja om det behövs.
j) Förvara harissa i en förseglad burk i upp till 2 veckor.

62. Harissa rostade morötter

Gör: 3 portioner

INGREDIENSER:
- 1 matsked harissa
- 1 msk honung
- 1 msk olivolja
- ¼ tesked salt
- 5 stora morötter, halverade på längden
- Hackad persilja, till garnering
- Granatäpplekärnor, till garnering
- Hackade rostade valnötter, till garnering

INSTRUKTIONER:
a) Blanda harissa, honung, olivolja och salt i en skål och vispa ihop.
b) Välj förvärmningsfunktionen på Air Fryer Toaster-ugnen och tryck på Start/Paus.
c) Klä matbrickan med folie och lägg morötter på brickan. Häll harissablandningen över morötterna och blanda till en jämn beläggning.
d) Sätt in matbrickan i mitten av den förvärmda ugnen.
e) Välj bakningsfunktionen, justera tiden till 25 minuter och tryck på Start/Paus.
f) Ta bort när morötterna är gyllene och mjuka.
g) Lägg morötter på ett serveringsfat och garnera med hackad persilja, granatäpplekärnor och valnötter.

63. Sparris med Pistachio Dukkah

Gör: 3 portioner

INGREDIENSER:
PISTACHIO DUKKAH
- 3 msk korianderfrön
- 1 msk spiskummin
- ½ kopp skalade pistagenötter ¼ kopp sesamfrön
- 1 tsk salt
- ½ tsk peppar

SPARRIS
- 1 knippe sparrisspjut
- 1 msk olivolja
- Salta & peppra, efter smak
- Artiklar som behövs
- Mortel och mortelstöt, eller kryddkvarn

INSTRUKTIONER:

a) Gör pistaschdukkah genom att lägga koriander och spiskummin i en stekpanna på medelvärme. Rosta i 2 minuter, eller tills det doftar. Överför kryddorna till en kryddkvarn eller mortel och mortelstöt. Låt kryddorna svalna helt och mal sedan.

b) Rosta pistagenötterna i en stekpanna i 5 minuter, eller tills de är gyllenbruna och doftar. Lägg över till en skärbräda och hacka fint. Tillsätt sesamfröna i samma stekpanna och rosta i 2 minuter, eller tills de är gyllenbruna och doftande. Överför pistagenötter, sesamfrön, koriander och spiskummin till en skål. Tillsätt salt och peppar och rör sedan ihop.

c) Välj förvärmningsfunktionen på Air Fryer Toaster-ugnen, justera temperaturen till 430°F och tryck på Start/Paus.

d) Klä matbrickan med folie och lägg sedan sparrisen på brickan. Ringla över olivolja och smaka av med salt och peppar.

e) Sätt in matbrickan i översta positionen i den förvärmda ugnen.

f) Välj Air Fry-funktionen, justera tiden till 8 minuter och tryck på Start/Paus.

g) Ta bort när sparrisen är mjuk. Lägg sparris på ett serveringsfat och strö över pistaschdukkah.

h) Pistachio dukkah kan förvaras i rumstemperatur i en förseglad burk eller behållare i upp till 4 veckor.

64. Surdegskrutonger

Gör: 4

INGREDIENSER:
- 4 skivor dagsgammalt surdegsbröd, skorpor borttagna
- 2 vitlöksklyftor, halverade
- 2 msk olivolja
- Saltflingor

INSTRUKTIONER:
a) Pensla båda sidorna av varje brödskiva med olivolja och strö över saltflingor.
b) Lägg brödskivorna direkt på gallret i brödrosten. Ställ temperaturratten på rost och timer/toast-ratten på ljustoastfunktion. Rosta tills brödskivorna är knapriga och gyllene på båda sidor.
c) Gnid in den skurna sidan av vitlöksklyftorna över hela brödskivorna medan de fortfarande är varma. Skär eller riv toastskivorna i 3 cm stora bitar.

65. Portobello svampbacon

Gör: 4 portioner

INGREDIENSER:
- 2 matskedar lätt olivolja
- 2 msk sojasås
- 1 msk ren lönnsirap
- ½ tsk flytande rök
- 1 tsk rökt paprika
- ¼ tsk röd paprikaflingor
- ¼ tsk peppar
- 2 portobellosvampar, skivade i ⅛ tum breda remsor

INSTRUKTIONER:
a) Vispa olivolja, sojasås, lönnsirap, flytande rök, rökt paprika, rödpepparflingor och peppar i en stor skål. Lägg i svampskivorna och rör om.
b) Välj förvärmningsfunktionen på Air Fryer Toaster-ugnen och tryck sedan på Start/Paus.
c) Lägg svampskivorna i stekkorgen i ett jämnt lager och sätt sedan in korgen i mitten av den förvärmda ugnen.
d) Välj Air Fry och Shake-funktionerna, justera tiden till 15 minuter och tryck på Start/Paus.
e) Vänd svampskivorna halvvägs genom tillagningen. Skakpåminnelsen låter dig veta när.
f) Ta bort när svampen är knaprig.

66. Krispiga sötpotatisfrites

Gör: 4 portioner

INGREDIENSER:
- 1 matsked vit vinäger
- En nypa salt, plus mer att strö över
- 1 stor sötpotatis, skalad och skivad i ⅓-tums remsor
- 2½ matskedar majsstärkelse
- 2 matskedar kallt vatten
- Avokadoolja eller olivolja spray eller 1 msk lätt smaksatt olja

INSTRUKTIONER:
a) Koka upp en medelstor kastrull med vatten. Tillsätt vinägern och en stor nypa salt.
b) Tillsätt sötpotatisen och låt koka i 6 minuter. Häll av sötpotatisen när den är klar.
c) Vispa maizena och vatten i en stor skål tills det är slätt. Tillsätt den avrunna sötpotatisen och rör om så att den blir jämn.
d) Välj förvärmningsfunktionen på Air Fryer Toaster-ugnen, justera temperaturen till 430°F och tryck på Start/Paus.
e) Lägg sötpotatisen i stekkorgen i ett jämnt lager och sätt sedan in korgen i mitten av den förvärmda ugnen.
f) Välj Air Fry och Shake-funktionerna, justera tiden till 18 minuter och tryck på Start/Paus.
g) Vänd sötpotatis halvvägs genom tillagningen. Skakpåminnelsen låter dig veta när.
h) Ta bort när sötpotatisfritesen är krispiga och gyllene, strö sedan över salt och servera.

67. Brasilianskt ostbröd (Pão de Queijo)

Gör: 8 portioner

INGREDIENSER:
- 1 stort ägg, rumstempererat
- ⅓ kopp olivolja
- ⅔ koppar helmjölk
- 1½ dl tapiokamjöl
- ½ kopp fetaost
- ¼ kopp parmesanost
- 1 tsk kosher salt
- ¼ tesked vitlökspulver
- Matlagningsspray

INSTRUKTIONER:
a) Mixa ägg, olivolja, mjölk, tapiokamjöl, fetaost, parmesan, salt och vitlökspulver i en stavmixer tills det är slätt.
b) Spraya minimuffinsformen med matlagningsspray.
c) Häll smeten i muffinsformarna så att de blir ¾ fulla.
d) Välj förvärmningsfunktionen på Air Fryer Toaster-ugnen, justera temperaturen till 380°F och tryck på Start/Paus.
e) Placera muffinsformen på gallret och sätt sedan in gallret i mitten av den förvärmda ugnen.
f) Välj bakningsfunktionen, justera tiden till 18 minuter och tryck på Start/Paus.
g) Ta bort när det är klart, ta sedan försiktigt upp brödet från minimuffinsformen och servera.

68.Brödrost Ugn Rostade Grönsaker

INGREDIENSER:
- Blandade grönsaker (t.ex. morötter, paprika, zucchini, broccoli, körsbärstomater)
- Olivolja
- Salt och peppar
- Örter och kryddor (t.ex. rosmarin, timjan, vitlökspulver, paprika)

INSTRUKTIONER:
a) Förvärm din brödrost till 375°F (190°C).
b) Skär grönsakerna i lagom stora bitar.
c) Kasta grönsakerna med olivolja, salt, peppar och valfria örter och kryddor.
d) Bred ut dem i ett enda lager på en plåt.
e) Rosta i brödrostsugnen i ca 20-25 minuter eller tills grönsakerna är mjuka och lätt karamelliserade.

69.Brödrost Ugn Vitlöksrostad potatis

INGREDIENSER:
- Liten potatis, halverad eller kvartad
- Olivolja
- Finhackad vitlök
- Salt och peppar
- Färsk rosmarin eller timjan (valfritt)

INSTRUKTIONER:
a) Förvärm din brödrost till 375°F (190°C).
b) Kasta potatisbitarna med olivolja, hackad vitlök, salt och peppar.
c) Tillsätt färsk rosmarin eller timjan om så önskas.
d) Lägg upp potatisen på en plåt.
e) Rosta i brödrost i ca 30-35 minuter eller tills potatisen är gyllene och krispig på utsidan och mör på insidan.

70.Brödrost Ugn Vitlöksörtsmör

INGREDIENSER:
- 1/2 kopp osaltat smör, mjukat
- 2 vitlöksklyftor, hackade
- 1 msk färsk persilja, finhackad
- 1 tsk färska timjanblad, hackade
- Salta och peppra efter smak

INSTRUKTIONER:
a) I en liten skål, kombinera det mjukade smöret, hackad vitlök, hackad persilja och hackad timjan.
b) Krydda med salt och peppar.
c) Blanda väl tills alla ingredienser är införlivade.
d) Forma det smaksatta smöret till en stock eller lägg det i en liten form.
e) Kyl tills det är fast, skär sedan i rundor.
f) Servera vitlöksörtsmöret med varmt bröd, ångade grönsaker eller grillat kött.

71. Brödrost Ugn Vitlök Parmesan Sparris

INGREDIENSER:

- 1 knippe färsk sparris, putsad
- 2 matskedar olivolja
- 2 vitlöksklyftor, hackade
- 2 msk riven parmesanost
- Salta och peppra efter smak
- Citronklyftor (för servering)

INSTRUKTIONER:

a) Förvärm din brödrost till 400°F (200°C).
b) Lägg den skurna sparrisen på en plåt.
c) Ringla över olivolja och strö över hackad vitlök, riven parmesanost, salt och peppar.
d) Rör om för att täcka sparrisen jämnt.
e) Rosta i brödrostsugnen i ca 10-15 minuter eller tills sparrisen är mjuk och lätt brynt.
f) Servera med citronklyftor för en zesty touch.

72. Brödrostsugnsbakade bönor

INGREDIENSER:
- 1 burk (15 oz) bakade bönor
- 2 skivor bacon, kokt och smulad
- 1/4 kopp tärnad lök
- 2 msk farinsocker
- 1 matsked ketchup
- 1 tsk dijonsenap
- Salta och peppra efter smak

INSTRUKTIONER:
a) Förvärm din brödrost till 350°F (175°C).
b) I en ugnssäker form, kombinera de bakade bönorna, smulad bacon, tärnad lök, farinsocker, ketchup, dijonsenap, salt och peppar.
c) Blanda allt väl.
d) Grädda i brödrost i ca 15-20 minuter eller tills bönorna är varma och bubblar.
e) Servera som ett gott tillbehör.

73. Brödrostsugn Citron Ört Quinoa

INGREDIENSER:
- 1 dl quinoa, sköljd
- 2 dl kyckling- eller grönsaksbuljong
- Skal och saft av 1 citron
- 1 tsk torkad timjan
- Salta och peppra efter smak
- Färsk persilja, hackad (för garnering)

INSTRUKTIONER:
a) I en ugnssäker form, kombinera quinoa, kyckling eller grönsaksbuljong, citronskal, citronsaft, torkad timjan, salt och peppar.
b) Täck skålen med folie.
c) Grädda i brödrostsugnen vid 375°F (190°C) i cirka 20-25 minuter eller tills quinoan är kokt och vätskan absorberas.
d) Fluffa quinoan med en gaffel och garnera med hackad färsk persilja innan servering.

74.Brödrost Ugn Vitlökssmör Räkor

INGREDIENSER:
- 1/2 pund stora räkor, skalade och deveirade
- 2 msk smält smör
- 2 vitlöksklyftor, hackade
- 1 msk färsk citronsaft
- Salta och peppra efter smak
- Hackad färsk persilja (för garnering)

INSTRUKTIONER:
a) Förvärm din brödrost till 375°F (190°C).
b) I en skål, kombinera räkor, smält smör, hackad vitlök, citronsaft, salt och peppar.
c) Kasta för att täcka räkorna jämnt.
d) Ordna räkorna i ett enda lager på en bakplåt.
e) Grädda i brödrost i ca 6-8 minuter, eller tills räkorna blir rosa och genomstekta.
f) Garnera med hackad färsk persilja innan servering.

75. Brödrostsugnsrostad brysselkål med balsamicoglasyr

INGREDIENSER:

- 1 pund brysselkål, putsad och halverad
- 2 matskedar olivolja
- Salta och peppra efter smak
- 2 msk balsamicoglasyr

INSTRUKTIONER:

a) Förvärm din brödrost till 400°F (200°C).
b) Kasta brysselkålen med olivolja, salt och peppar.
c) Lägg dem på en bakplåt i ett enda lager.
d) Rosta i brödrostsugnen i ca 20-25 minuter, eller tills groddarna är mjuka och karamelliserade.
e) Ringla över balsamicoglasyr innan servering.

76.Brödrost Ugn Rostad majskolvar

INGREDIENSER:
- 2 majsax, skalade
- 1 msk smör
- Salta och peppra efter smak
- Valfritt: Färska örter som hackad koriander eller persilja

INSTRUKTIONER:
a) Förvärm din brödrost till 375°F (190°C).
b) Gnid in varje majsöra med smör och smaka av med salt och peppar.
c) Linda in varje öra i aluminiumfolie.
d) Lägg den inslagna majsen på en bakplåt.
e) Rosta i brödrost i ca 20-25 minuter, vänd halvvägs.
f) Garnera med färska örter innan servering.

77. Brödrostsugn Pesto Pasta Sallad

INGREDIENSER:
- 1 kopp kokt pasta (som penne eller rotini)
- 2 msk basilikapesto
- Körsbärstomater, halverade
- Skivade svarta oliver
- Färska mozzarellabollar
- Salta och peppra efter smak

INSTRUKTIONER:
a) Kombinera den kokta pastan, basilikapesto, körsbärstomater, skivade svarta oliver och färska mozzarellabollar i en ugnssäker form.
b) Krydda med salt och peppar.
c) Rör om för att täcka alla ingredienser.
d) Sätt in formen i brödrostsugnen och grädda i ca 10 minuter eller tills allt är genomvärmt och osten börjar smälta.
e) Servera som en härlig pastasalladsrätt.

78. Brödrostsugn Honungsglaserade morötter

INGREDIENSER:
- 1 kopp babymorötter
- 2 matskedar honung
- 1 msk smör
- 1/2 tsk mald kanel
- Salt att smaka

INSTRUKTIONER:
a) Förvärm din brödrost till 375°F (190°C).
b) I en ugnssäker form, kombinera babymorötter, honung, smör, mald kanel och en nypa salt.
c) Kasta för att täcka morötterna i glasyren.
d) Grädda i brödrost i cirka 15-20 minuter eller tills morötterna är mjuka och glaserade, rör om en eller två gånger under tillagningen.
e) Servera som en söt och sallad tillbehör.

DESSERTER

79. Apelsin mandel ricotta kakor

Gör: 24 portioner

INGREDIENSER:
KAKSINGREDIENSER
- ½ stick osaltat smör, rumstemperatur
- 1 kopp socker
- 1 stort ägg
- 1 kopp ricottaost, avrunnen 1½ msk apelsinjuice 1 apelsin, skalad
- ¼ tsk mandelextrakt 1¼ koppar allroundmjöl ½ tsk bakpulver ½ tsk salt

GLASYRINGREDIENSER
- 1 kopp strösocker
- 1½ msk apelsinjuice ½ apelsin, skalad

INSTRUKTIONER:
a) Vispa ihop smör och socker i 3 minuter eller tills det är ljust och pösigt.
b) Tillsätt ägg, ricotta, apelsinjuice, apelsinskal och mandelextrakt och vispa tills det är väl blandat. Tillsätt mjöl, bakpulver och salt och vänd sedan försiktigt för att kombinera. Övermixa inte.
c) Välj förvärmningsfunktionen på Air Fryer Toaster-ugnen, justera temperaturen till 350°F och tryck på Start/Paus.
d) Klä matbrickan med bakplåtspapper, dela sedan degen i 1½ msk bitar och lägg på plåten.
e) Sätt in brickan i mitten av den förvärmda ugnen.
f) Välj bakningsfunktionen, justera tiden till 15 minuter och tryck på Start/Paus.
g) Ta bort när de är klara och låt kakorna svalna helt innan de glaseras.
h) Gör glasyren genom att röra ihop strösocker, apelsinjuice och skal tills den är slät. Beroende på vad du föredrar, tillsätt mer strösocker för att göra glasyren tjockare, eller mer apelsinjuice för att göra glasyren tunnare.
i) Häll cirka ½ tesked av glasyren på varje kaka och bred ut försiktigt. Låt glasyren stelna innan servering.

80.Veganska svenska kanelbullar (Kanelbullar)

Gör: 8 rullar

INGREDIENSER:
DEG
- 1 kopp osötad mandelmjölk, lätt varm (100°-110°F)
- ¼ kopp veganskt smör, smält
- 2 msk ekologiskt socker
- 1 tsk instant torrjäst ½ tsk koshersalt
- 2¾ koppar universalmjöl, delat

FYLLNING
- 6 msk veganskt smör, rumstempererat
- 6 matskedar ekologiskt mörkt farinsocker
- 1 msk mald kanel

ÄGGTVÄTT
- 2 msk osötad mandelmjölk
- 1 tsk agave nektar

GLASYR
- 2 matskedar osötad mandelmjölk ½ kopp strösocker
- ¼tsk vaniljextrakt svenskt pärlsocker, att strö över

INSTRUKTIONER:
a) Vispa samman mandelmjölk, smält smör och socker från degingredienserna i en stor bunke.
b) Strö över jästen i mjölkblandningen och låt den blomma i 5 minuter.
c) Tillsätt koshersalt och 2¼ koppar mjöl i mjölk- och jästblandningen och blanda sedan tills det är väl kombinerat.
d) Täck skålen med en handduk eller plastfolie och ställ på en varm plats att jäsa i 1 timme, eller tills den fördubblats i storlek.
e) Avtäck och knåda in ½ kopp allroundmjöl i den jästa degen. Fortsätt knåda tills den precis tappar sin klibbighet. Du kan behöva tillsätta ytterligare mjöl.
f) Kavla ut degen till en stor rektangel, cirka ½ tum tjock. Fixa hörnen för att se till att de är skarpa och jämna.
g) Fördela det mjukade veganska smöret från fyllningsingredienserna över degen och strö över brunt socker och kanel.
h) Rulla ihop degen, forma en stock och nyp ihop skarven. Placera sömmen nedåt. Klipp bort eventuella ojämnheter i båda ändar.

i) Skär stocken på mitten och dela sedan varje halva i 8 jämnstora bitar, cirka 1½ tum tjocka vardera.
j) Klä matbrickan med bakplåtspapper och lägg sedan kanelrullarna på brickan.
k) Täck med plastfolie och ställ på en varm plats att jäsa i 30 minuter.
l) Välj förvärmningsfunktionen på Air Fryer Toaster-ugnen, justera temperaturen till 375°F och tryck på Start/Paus.
m) Vispa ihop ingredienserna till äggtvätt och pensla lätt tvätten på toppen av kanelbullarna.
n) Sätt in matbrickan med kanelrullarna i mitten av den förvärmda ugnen.
o) Välj bakningsfunktionen, justera tiden till 18 minuter och tryck på Start/Paus.
p) Ta bort när du är klar.
q) Vispa ihop mandelmjölk, strösocker och vaniljextrakt från glasyringredienserna för att göra glasyren, pensla det över hela kanelrullarna och strö sedan rullarna med svenskt pärlsocker.
r) Kyl innan servering, eller ät varmt.

81. Grekiska spenat filo pajer

Gör: 3

INGREDIENSER:
- 250g fryst spenat, tinad & silad
- 3 vårlökar, hackade vita & gröna toppar
- 100 g smulad fetaost
- 30g finriven parmesanost
- 1 ägg, lätt uppvispat
- 1 msk finhackade färska myntablad
- 2 tsk finhackad färsk dill
- Nyriven muskotnöt, efter smak
- 30 g smör, smält
- 2 msk extra virgin olivolja
- 6 ark grekiska filodeg av god kvalitet

INSTRUKTIONER:
a) I en skål blanda spenat, vårlök, ostar, ägg, hackade örter och muskotnöt. Blanda noggrant och ställ åt sidan. Blanda smör och olja i en separat liten skål. Pensla lite smör inuti varje pajform.
b) Pensla ett filoark med smörblandning. Vik detta ark på mitten. Bush och vik igen. Klä insidan av en plåt med detta vikta ark. Upprepa med ett annat ark och lägg detta i formen, diagonalt över det första arket. Du bör ha en bakelse över alla sidor av formen. Upprepa med de andra 2 formarna, använd allt bakverk.
c) Fördela fyllningen jämnt mellan varje pajform. Vik in den överhängande degen för att omsluta fyllningen. Pensla pajtopparna med eventuell kvarvarande smörblandning.
d) Lägg pajerna på gallret i ugnen. Ställ temperaturratten på 180°C och timer/toast-ratten i 20 minuter. Stäng ugnsluckan. Grädda i 20 minuter, eller tills degen är flagnig och gyllene.
e) Servera varm eller rumstemperatur, med en sallad till.

82.Choklad brownies

Gör: 6-8

INGREDIENSER:
- 165 g osaltat smör
- 100 g farinsocker
- 100 g strösocker
- 2 medelstora ägg
- 165 g mörk choklad, smält
- 50g självjäsande mjöl
- 50g kakaokraft, extra för att pudra
- 50 g pekannötter eller valnötter, grovt hackade
- Nypa saltflingor

INSTRUKTIONER:

a) Smörj och klä en 20 x 20 cm fyrkantig kakform. Vispa smöret och sockerarterna med elvisp tills det blir blekt och fluffigt; ca 5 minuter. Tillsätt äggen, ett i taget, vispa ordentligt mellan varje tillsats. Vänd ner den smälta chokladen.

b) Sikta mjöl och kakao och vänd igenom chokladblandningen med nötter och salt. Fördela smeten jämnt i den förberedda kakformen. Täck tätt med folie.

c) Ställ temperaturratten på 180°C och timer/toast-ratten i 20 minuter. Ställ kakformen på gallret i ugnen. Stäng luckan och grädda i 20 minuter, vänd formen halvvägs genom gräddningen.

d) Ta bort folien. Ställ in timer/toast-ratten i 10 minuter. Grädda tills brownien stelnat på toppen. Brownien ska fortfarande vara klibbig i mitten och kommer att stelna när den svalnat.

e) Kyl brownien i formen helt innan du överför kylan till kylen, över natten om möjligt. Skär i bitar. Pudra med extra kakaopulver innan servering.

83. Frusen Brazo de Mercedes

Gör: 8 portioner

INGREDIENSER:
- 1 pint vaniljglass, mjukad till rumstemperatur
- 1 (8 tum) premade graham cracker crust
- 6 stora ägg, äggulor och vita separerade
- 7 uns kondenserad mjölk
- ½ tsk vaniljextrakt
- ¼ tesked grädde av tandsten
- ⅓ kopp strösocker

INSTRUKTIONER:
a) Bred ut glassen på botten av grahamsbrödet i ett jämnt lager, täck med plastfolie och ställ i frysen i 8 timmar eller över natten.
b) Vispa äggulor och kondenserad mjölk över en dubbelkokare kontinuerligt i 15 minuter eller tills blandningen blir tjock.
c) Vispa vaniljextraktet i äggblandningen tills det är helt blandat.
d) Passera vaniljsås genom en fin sil för att ta bort eventuella klumpar.
e) Ta bort glassen och toppa med äggulebladningen, täck med plastfolie och ställ tillbaka i frysen i 2 timmar.
f) Vispa äggvitan och grädden av tartar i en stavmixer på hög hastighet.
g) Tillsätt sockret långsamt när äggvitorna börjar skumma.
h) Vispa äggvitorna i två minuter eller tills de bildar styva toppar.
i) Ta bort plastfolien från pajen och toppa med den vispade äggvitan.
j) Välj förvärmningsfunktionen på Air Fryer Toaster-ugnen, justera temperaturen till 350°F och tryck på Start/Paus.
k) Placera pajen på gallret och sätt sedan in gallret i mitten av den förvärmda fritösen.
l) Välj baknings- och skakningsfunktionerna, justera tiden till 15 minuter och tryck på Start/Paus.
m) Rotera pajen halvvägs genom tillagningen för jämn brynning. Skakpåminnelsen låter dig veta när.
n) Ta ut när det är klart och ställ i kylen i 1 timme utan lock.
o) Täck pajen och ställ sedan i frysen i 6 timmar eller över natten.
p) Ta ut pajen och låt den vila i rumstemperatur i 10 minuter, skiva sedan och servera.

84. Äppelkrämpaj

Gör: 8

INGREDIENSER:
- 2 dl tunt skivade äpplen
- 1/2 kopp vitt socker
- 1 msk universalmjöl
- 1/2 tsk mald muskotnöt
- 1 tsk mald kanel
- 2 matskedar smör
- 1 kopp halv-och-halva
- 1 recept bakverk för en liten paj (tillräckligt för en brödrost)

INSTRUKTIONER:
a) Sätt din brödrost på 190°C (375°F) för att förvärma.
b) Kavla ut degen till en liten paj och lägg den i din brödrosts bakplåt eller en liten ugnssäker form.
c) Ordna de tunt skivade äpplena jämnt på bakverket.
d) I en liten skål, kombinera kanel, muskotnöt, mjöl och socker. Fördela denna blandning över äpplena.
e) Värm smöret tills det smält, blanda i hälften och hälften och fördela denna blandning över äpplena.
f) Grädda i den förvärmda brödrosten i cirka 25-30 minuter, eller tills skorpan blir gyllenbrun och fyllningen bubblar.
g) Ta ut pajen från brödrosten, låt den svalna till rumstemperatur och kyl den sedan i kylen för att stelna fyllningen.

85.Äppelknödar Med Sås

Gör: 8 portioner

INGREDIENSER:
- 3 koppar universalmjöl
- 1 tsk salt
- 1 kopp förkortning
- 1/3 kopp kallt vatten
- 8 medelstora syrliga äpplen, skalade och urkärnade
- 8 tsk smör
- 9 tsk kanel-socker, uppdelat

SÅS :
- 1-1/2 koppar packat farinsocker
- 1 kopp vatten
- 1/2 kopp smör, i tärningar

INSTRUKTIONER:
a) Blanda salt och mjöl i en stor skål. Skiva i matfettet tills det blir smuligt.
b) Tillsätt gradvis vatten och använd en gaffel för att röra tills en degboll bildas. Dela degen i 8 delar, täck över och kyl i minst 30 minuter eller tills den är lätt att hantera.
c) Värm brödrosten till 350 grader.
d) Rulla ut varje del av degen mellan 2 vaxade pappersark lätt belagda med mjöl, till en kvadrat på cirka 7 tum.
e) Lägg ett äpple på varje degruta och lägg 1 tsk smör och kanelsocker i mitten av varje äpple.
f) Samla upp hörnen på bakverket till mitten, skär försiktigt bort eventuellt överskott och tryck sedan på kanterna för att försegla. Du kan också skära ut blad och stjälkar från degrester och använda vatten för att fästa dem på dumplings.
g) Lägg de sammansatta dumplingsna i en liten ugnssäker ugnsform.
h) Strö resterande kanel-socker över toppen av dumplings.
i) Blanda ingredienserna till såsen i en kastrull. Koka upp under omrörning tills det blandas, ringla sedan såsen över äpplena.
j) Grädda i den förvärmda brödrostsugnen tills degen blir gyllenbrun och äpplena är mjuka, cirka 50 till 55 minuter, tråckla då och då med den överblivna såsen.
k) Servera äppelknölarna varma. Njut av!

86. Apple Citron Puff

Gör: 1 portion

INGREDIENSER:
- 1-1/2 tsk smör
- 1 litet äpple, skalat, urkärnat och skuret i ringar
- 6 tsk socker, delat
- 1 stort ägg, separerat
- 1/2 tsk rivet citronskal
- 1/4 tsk vaniljextrakt
- 1/2 tsk universalmjöl

INSTRUKTIONER:
a) Smält smöret på medelvärme i en liten ugnssäker form som passar din brödrost.
b) Lägg i äppelringarna och strö 2 tsk socker över dem. Koka tills äpplena är mjuka, vänd dem en gång.
c) I en skål, vispa ihop vanilj, citronskal och äggula i ca 1 minut.
d) Vispa äggvitan i en separat skål tills det bildas styva toppar, vänd sedan i resten av sockret och mjölet.
e) Vänd försiktigt ner äggviteblandningen i äggguleblandningen.
f) Ordna de kokta äppelringarna i botten av den lätt oljade 2-koppsformen.
g) Fördela äggblandningen jämnt över äppelringarna.
h) Grädda i den förvärmda brödrostugnen vid 350°F tills desserten stelnat och gyllenbrun, vilket bör ta cirka 15-18 minuter.
i) Vänd försiktigt ut desserten upp och ner på ett serveringsfat.

87. Apple Raspberry Crisp

Gör: 12 portioner

INGREDIENSER:
- 10 koppar tunt skivade skalade syrliga äpplen (ca 10 medelstora)
- 4 dl färska hallon
- 1/3 kopp socker
- 3 matskedar plus 3/4 kopp universalmjöl, uppdelat
- 1-1/2 dl gammaldags havre
- 1 kopp packat farinsocker
- 3/4 kopp fullkornsmjöl
- 3/4 kopp kallt smör

INSTRUKTIONER:
a) I en stor skål, kombinera hallon, äpplen, 3 matskedar universalmjöl och socker. Blanda försiktigt för att täcka frukten.
b) Tillsätt fruktblandningen i en smord 13x9-tums ugnsform.
c) I en liten skål, blanda de återstående 3/4 koppar universalmjöl, fullkornsmjöl, farinsocker och havre.
d) Mosa i det kalla smöret tills blandningen blir smulig.
e) Fördela den smuliga blandningen jämnt över toppen av frukten i ugnsformen. Skålen blir full.
f) Förvärm din brödrost till 350°F.
g) Grädda utan lock i brödrostsugnen i 40-50 minuter eller tills toppingen är gyllenbrun och fyllningen är bubblig.
h) Servera hallon- och äppelcrispen varm.

88. Äpple valnötshalvmånar

Gör: 16 portioner

INGREDIENSER:
- 2 paket (8 uns vardera) kylda halvmånerullar
- 1/4 kopp socker
- 1 msk mald kanel
- 4 medelstora syrliga äpplen, skalade och delade i fjärdedelar
- 1/4 kopp hackade valnötter
- 1/4 kopp russin (valfritt)
- 1/4 kopp smör, smält

INSTRUKTIONER:
a) Värm din brödrost till 375°F.
b) Vik ut en halvmånerulldeg och dela den i 16 trianglar.
c) I en liten skål, blanda ihop kanel och socker. Ringla ca 1/2 tsk av kanel-sockerblandningen på varje triangel.
d) Placera en äppelkvart nära kortsidan av varje halvmånetriangel och rulla ihop den.
e) Smörj en liten ugnssäker bakform, cirka 15x10x1 tum, och placera de ihoprullade halvmånerullarna i formen.
f) Om så önskas, tryck ut russin och hackade valnötter i toppen av degen.
g) Strö det smälta smöret över toppen av rullarna och ringla sedan över resten av kanelsockret.
h) Grädda i din förvärmda brödrost i 20-24 minuter eller tills rullarna är gyllenbruna i färgen.
i) Servera äppelkanelhalvmånen varma.

89. Berömd Butterscotch Cheesecake

Gör: 12 portioner

INGREDIENSER:
- 1-1/2 dl grahamssmulor
- 1/3 kopp packat farinsocker
- 1/3 kopp smör, smält
- 1 burk (14 ounces) sötad kondenserad mjölk
- 3/4 kopp kall 2% mjölk
- 1 paket (3,4 uns) instant butterscotch pudding mix
- 3 paket (8 uns vardera) färskost, mjukad
- 1 tsk vaniljextrakt
- 3 stora ägg, lätt vispade
- Vispad grädde och krossade smörkolagodis (valfritt)

INSTRUKTIONER:
a) Placera en oljad 9-tums springform på ett dubbelt lager av kraftig folie (cirka 18-tums kvadrat). Linda folien säkert runt pannan.
b) Blanda socker och grahamssmulor i en liten skål och blanda sedan i det smälta smöret. Tryck ut denna blandning på botten av den förberedda pannan.
c) Lägg formen på en plåt och grädda i 10 minuter i 325 grader i din brödrost. Efter gräddning, ställ formen på ett galler för att svalna.
d) I en liten skål, vispa ihop butterscotch-puddingmixen och den kalla mjölken i cirka 2 minuter. Låt den stå tills den mjuknat, cirka 2 minuter.
e) I en separat stor skål, vispa färskosten tills den är slät. Vispa i vaniljextraktet och den beredda butterscotch-puddingblandningen. Tillsätt de lättvispade äggen och vispa på låg hastighet precis tills det blandas.
f) Häll denna cheesecakeblandning över skorpan i springformen.
g) Placera springformen i en större bakpanna och häll i ca 1 tum varmt vatten i den större pannan.
h) Grädda i 65-75 minuter i 325 grader i din brödrost, eller tills toppen ser matt ut och mitten nästan är stel.
i) Ta bort springformen från vattenbadet, låt den svalna på galler i 10 minuter och kör sedan försiktigt en kniv längs med formens kant för att lossna.

j) Låt cheesecaken svalna i ytterligare 1 timme och kyl den sedan i kylen över natten.

k) Om så önskas, använd vispad grädde och krossade smörkolagodisar för att garnera innan servering.

90. Österrikiska nötkakor

Gör: 10 smörgåskakor

INGREDIENSER:
- 1 kopp universalmjöl
- 2/3 kopp finhackad mandel
- 1/3 kopp socker
- 1/2 kopp smör, mjukat
- 1/4 kopp frönfri hallonsylt
- GLASYR:
- 1 uns osötad choklad, smält och kyld
- 1/3 kopp konditorsocker
- 2 msk smör, mjukat
- Skivad mandel (valfritt)

INSTRUKTIONER:
a) Blanda socker, hackad mandel och mjöl i en skål. Tillsätt mjukat smör och blanda tills degen precis går ihop.
b) Kavla ut degen till en tjocklek av 1/8 tum på en mjölad yta. Använd en 2-tums rund skärare för att skära ut kakor. Lägg dem på en smord plåt, cirka 1 tum från varandra. Täck kakorna och ställ i kylen i 1 timme.
c) Avtäck kakorna och grädda i din förvärmda brödrost vid 375°F tills kanterna är lätt bruna, vilket bör ta cirka 7-10 minuter.
d) Överför de bakade kakorna till galler för att svalna helt.
e) Bred sylt på hälften av kakorna och toppa var och en med en annan kaka för att göra smörgåskakor.
f) Glasyr:
g) Blanda det mjuka smöret, konditorsockret och den kylda smälta chokladen i en separat skål.
h) Bred glasyren över toppen av smörgåskakorna.
i) Om så önskas, dekorera med strimlad mandel.

91.Banan äppelmostårta

Gör: 16-20 portioner

INGREDIENSER:
- 1 dl smör, mjukat
- 2 koppar socker
- 4 ägg, separerade
- 3 koppar universalmjöl
- 2 tsk bakpulver
- 1 dl mjölk
- 1/2 tsk vaniljextrakt
- 1/2 tsk citronextrakt

FYLLNING:
- 2 koppar sötad äppelmos
- 3 medelstarka bananer, skivade
- 3 matskedar citronsaft

GLASYR:
- 1 kopp socker
- 2 äggvitor
- 3 matskedar vatten
- 1/2 tsk grädde av tandsten
- 1/4 tsk salt
- 1 tsk vaniljextrakt
- 1/4 kopp sötad riven kokos, rostad

INSTRUKTIONER:
a) I en stor skål, grädda ihop socker och mjukt smör tills det är fluffigt och ljust. Vispa i äggulorna och extrakten.
b) Blanda bakpulvret och mjölet i en annan skål. Tillsätt denna blandning i den gräddade blandningen, omväxlande med mjölk, och vispa väl efter varje tillsats.
c) Vispa äggvitorna i en separat skål tills mjuka toppar bildas och vik sedan försiktigt ner dem i smeten.
d) Dela smeten i tre 6-tums runda kakformar eller lämpliga mindre formar som passar i din brödrost. Se till att täcka dem med fett.
e) Förvärm din brödrost till 350 grader Fahrenheit. Grädda kakorna i cirka 25 till 30 minuter eller tills de har testats. Kontrollera med en tandpetare om den är färdig. Låt dem svalna i cirka 10 minuter, ta sedan ur formarna och lägg på galler för att svalna helt.

f) Dela äppelmosen och bred ut den på två av tårtlagren.
g) Doppa bananskivorna i citronsaft och lägg dem över äppelmosslagret. Stapla lagren på ett serveringsfat med det vanliga tårtlagret ovanpå.

FÖR FROSTNING:

h) I en kastrull som passar i din brödrost, blanda ihop salt, grädde av tartar, vatten, äggvita och socker på låg värme.
i) Vispa blandningen med en stavmixer på låg hastighet i cirka en minut. Fortsätt sedan att vispa på låg hastighet över låg värme i 8 till 10 minuter, tills frostingen når 160 grader Fahrenheit.
j) Överför frostingen i en stor skål och tillsätt vaniljextraktet. Vispa på hög hastighet i 7 minuter tills det bildas fasta toppar.
k) Frosta toppen och sidorna av kakan och strö över rostad kokos.
l) Förvara kakan i kylen.

92.Bananchips tårta

Gör: 16 portioner

INGREDIENSER:
- 1 paket gul kakmix (vanlig storlek)
- 1-1/4 dl vatten
- 3 stora ägg
- 1/2 kopp osötad äppelmos
- 2 medelstora bananer, mosade
- 1 kopp halvsöta miniatyrchokladchips
- 1/2 kopp hackade valnötter

INSTRUKTIONER:
a) Förvärm din brödrost till 350 grader Fahrenheit.
b) I en stor skål, vispa ihop äppelmos, ägg, vatten och kakmix. Mixa blandningen i cirka en halv minut på låg hastighet, öka sedan till medelhastighet och mixa i ytterligare 2 minuter.
c) Blanda i de hackade valnötterna, miniatyrchokladchips och mosade bananer.
d) Använd matlagningsspray för att ordentligt smörja och mjöla en mindre buntform eller annan lämplig kakform som passar i din brödrost.
e) Häll kaksmeten i den förberedda formen.
f) Grädda i den förvärmda brödrosten tills en tandpetare som sticks in i kakans mitt kommer ut ren, vilket bör ta cirka 40 till 50 minuter. Håll ett öga på det, eftersom brödrostugnar kan variera i prestanda.
g) Låt kakan svalna i formen i 10 minuter. Ta sedan bort den från pannan och lägg den på ett galler för att svalna helt.

93.Brödrost Ugn S'mores

INGREDIENSER:
- Grahams kex
- Marshmallows
- Chokladrutor

INSTRUKTIONER:
a) Förvärm din brödrost för att steka.
b) Bryt grahamskexen på mitten och lägg dem på en plåt.
c) Lägg en marshmallow ovanpå varje grahams kexhalva.
d) Placera bakplåten i brödrost och stek i 1-2 minuter, eller tills marshmallows är gyllenbruna och rostade.
e) Ta ut ur ugnen och tryck omedelbart ut en bit choklad på den rostade marshmallowen.
f) Toppa med en annan graham cracker halva för att göra en smörgås. Njut av!

94. Brödrostsugnsbakat äpple

INGREDIENSER:
- 1 äpple (som Granny Smith)
- 1 msk smör
- 1 msk farinsocker
- 1/2 tsk kanel

INSTRUKTIONER:
a) Förvärm din brödrost till 350°F (175°C).
b) Kärna ur äpplet och ta bort kärnorna.
c) Blanda smör, farinsocker och kanel i en liten skål.
d) Fyll mitten av äpplet med smörblandningen.
e) Lägg äpplet på en plåt och grädda i brödrost i 25-30 minuter, eller tills äpplet är mört.
f) Servera varm, eventuellt med en kula vaniljglass eller en klick vispgrädde.

95. Brödrostsugn Chocolate Chip Cookies

INGREDIENSER:
- 1/4 kopp smör, mjukat
- 1/4 kopp strösocker
- 1/4 kopp farinsocker
- 1/2 tsk vaniljextrakt
- 1/2 kopp universalmjöl
- 1/4 tsk bakpulver
- 1/4 kopp chokladchips

INSTRUKTIONER:
a) Förvärm din brödrost till 350°F (175°C).
b) I en bunke, grädda ihop det mjuka smöret, strösockret, farinsockret och vaniljextraktet.
c) I en separat skål, vispa ihop mjöl och bakpulver.
d) Tillsätt gradvis de torra ingredienserna till smörblandningen, blanda tills det är väl blandat.
e) Vänd ner chokladbitarna.
f) Rulla degen till små kakbollar och lägg dem på en plåt.
g) Grädda i brödrost i ca 8-10 minuter, eller tills kakorna är gyllenbruna.
h) Låt dem svalna något innan du njuter av dina hemgjorda chokladkakor.

96.Brödrost Ugn Bananbröd

INGREDIENSER:

- 2 mogna bananer, mosade
- 1/3 kopp smält smör
- 1/2 kopp socker
- 1 ägg, uppvispat
- 1 tsk vaniljextrakt
- 1 tsk bakpulver
- Nypa salt
- 1 1/2 koppar universalmjöl

INSTRUKTIONER:

a) Förvärm din brödrost till 350°F (175°C).
b) Mosa de mogna bananerna i en mixerskål.
c) Rör ner det smälta smöret i de mosade bananerna.
d) Tillsätt socker, uppvispat ägg och vaniljextrakt och blanda väl.
e) Strö bakpulver och salt över blandningen och rör om.
f) Tillsätt mjölet och blanda tills det precis är blandat.
g) Häll smeten i en smord brödform.
h) Grädda i brödrost i 25-30 minuter eller tills en tandpetare som sticks in i mitten kommer ut ren.
i) Låt bananbrödet svalna innan det skivas och serveras.

97.Brödrostsugn Rispudding

INGREDIENSER:
- 1/2 kopp kokt ris
- 1 dl mjölk
- 1/4 kopp socker
- 1/2 tsk vaniljextrakt
- 1/4 tsk mald kanel
- 1/4 kopp russin (valfritt)

INSTRUKTIONER:
a) I en liten ugnsform, kombinera det kokta riset, mjölken, sockret, vaniljextraktet och kanelen.
b) Om du använder russin, strö dem över blandningen.
c) Placera ugnsformen i brödrostsugnen och grädda vid 350°F (175°C) i 20-25 minuter eller tills puddingen stelnat och toppen är lätt brynt.
d) Låt den svalna något innan servering. Du kan också strö lite extra kanel på toppen för extra smak.

98. Brödrostsugn Jordnötssmörskakor

INGREDIENSER:
- 1/2 kopp jordnötssmör
- 1/4 kopp strösocker
- 1/4 kopp farinsocker
- 1/2 tsk vaniljextrakt
- 1 ägg
- 1/2 kopp universalmjöl
- 1/4 tsk bakpulver

INSTRUKTIONER:
a) Förvärm din brödrost till 350°F (175°C).
b) I en mixerskål, kombinera jordnötssmör, strösocker, farinsocker och vaniljextrakt.
c) Rör ner ägget tills det är väl blandat.
d) I en separat skål, vispa ihop mjöl och bakpulver.
e) Tillsätt gradvis de torra ingredienserna till jordnötssmörsblandningen och blanda tills en deg bildas.
f) Rulla degen till små bollar och lägg dem på en plåt.
g) Använd en gaffel för att skapa ett kors och tvärs mönster på varje kaka.
h) Grädda i brödrostsugnen i ca 8-10 minuter, eller tills kakorna fått lite färg.
i) Låt dem svalna i några minuter innan du njuter av dina jordnötssmörkakor.

99.Brödrost Ugn Brödpudding

INGREDIENSER:

- 2 koppar bröd i tärningar (gammalt eller rostat)
- 1 dl mjölk
- 2 ägg
- 1/4 kopp socker
- 1/2 tsk vaniljextrakt
- 1/4 tsk mald kanel
- 1/4 kopp russin eller chokladchips (valfritt)

INSTRUKTIONER:

a) Förvärm din brödrost till 350°F (175°C).
b) I en skål, vispa ihop mjölk, ägg, socker, vaniljextrakt och mald kanel.
c) Lägg det tärnade brödet och russinen eller chokladchipsen, om du använder, i en liten ugnsform.
d) Häll äggblandningen över brödet och tryck ner brödet för att blötläggas.
e) Grädda i brödrostsugnen i ca 25-30 minuter, eller tills puddingen stelnat och toppen är gyllene.
f) Låt den svalna något innan servering.

100. Brödrostsugn Kanelbakade äpplen

INGREDIENSER:
- 2 äpplen (som Granny Smith)
- 2 matskedar smör
- 2 msk farinsocker
- 1/2 tsk mald kanel
- 2 msk hackade nötter (t.ex. pekannötter eller valnötter, valfritt)

INSTRUKTIONER:
a) Förvärm din brödrost till 350°F (175°C).
b) Kärna ur äpplena och ta bort kärnorna.
c) I en liten skål, blanda ihop smör, farinsocker och mald kanel.
d) Fyll mitten av varje äpple med kanel-smörblandningen.
e) Strö över hackade nötter om så önskas.
f) Lägg äpplena i en ugnsform och grädda i 25-30 minuter, eller tills äpplena är mjuka.
g) Låt dem svalna lite innan servering, eventuellt med en kula glass eller vispgrädde.

SLUTSATS

När vi avslutar vår resa genom "Brödrostsugnsrevolutionen", hoppas vi att du har upplevt den transformerande kraften hos denna vardagliga matlagningskamrat och upptäckt den lätthet och smak den kan ge dina måltider. Brödrostsugnsrevolutionen handlar inte bara om bekvämlighet; det handlar om att njuta av de läckra rätterna som kan tillagas med detta kompakta köksvidunder.

Vi uppmuntrar dig att fortsätta din utforskning av brödrostsugnsköket, experimentera med nya recept och dela dina kulinariska skapelser med familj och vänner. Bekvämligheten och mångsidigheten med matlagning i brödrost finns till hands, och vi hoppas att denna kunskap kommer att fortsätta att revolutionera din kulinariska resa.

Tack för att du är en del av denna kulinariska revolution. Må din brödrost alltid vara din pålitliga sidekick i köket, och må den fortsätta att ge dig härliga och smakrika rätter till ditt bord. Glad matlagning och rostning!

www.ingramcontent.com/pod-product-compliance
Lightning Source LLC
Chambersburg PA
CBHW071329110526
44591CB00010B/1080